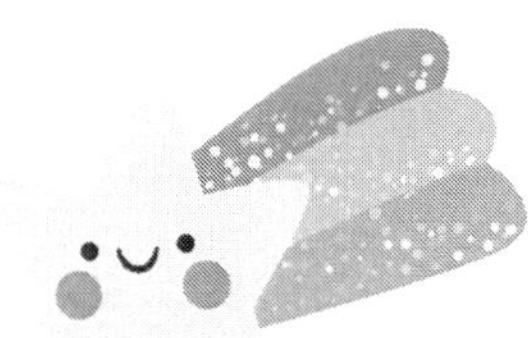

幼保 英語検定

Level 2 級テキスト

【著者】 一般社団法人 幼児教育・保育英語検定協会

BOOKFORE
ブックフォレ
株式会社ブックフォレ

目次

目次

目次

目次

＊テキスト音源は、こちらのホームページよりダウンロードをしてください。

HP https://bookfore.co.jp/glh/download/

幼児教育・保育英語検定協会（略称：幼保英語検定協会）

幼児教育、保育環境の国際的なグローバル化に対応できる幼稚園教諭及び保育士等幼児教育者養成の一環として、全国の幼稚園・保育園並びに幼稚園教諭・保育士養成学科を有する大学・短大及び専門学校と連携・協力して、幼保英語検定の実施を通し必要な実用的な英語の習得及び向上に資するため、英語の能力を判定し、またさまざまな活躍の機会を拡げその能力を養成することにより、日本の幼児教育、保育現場の向上に寄与することを目的としています。

また、諸外国における乳幼児教育分野の研究成果等を日本に紹介し、乳幼児教育分野の発展に寄与する活動にも積極的に取り組むことを目的とします。

幼児教育・保育英語検定（略称：幼保英語検定）

特色

幼保英語検定は、幼稚園、こども園及び保育園等幼児教育施設において、英語でのコミュニケーション力の習得状況を知り、さらに向上させる機会となります。乳幼児との会話、園内の教育・保育に焦点をあて、現場に即した実用的な英語を習得できることが大きな特色です。

園内教育・保育及び保護者との日常会話から連絡・交流に必要な題材まで、受検者の学習を考慮し工夫した内容になっており、楽しみながら知識を深められる構成となっています。「入門レベル」から責任者として活躍できる「専門レベル」までの5段階で構成されており、英語力の向上が実感できます。資格を取得すると、幼児教育、保育分野で幅広く活用することができ、幼児教育、保育環境の国際的なグローバル化に対応できる実用的な英語を取得できます。

About Youho Eigo Kentei

Youho Eigo Kentei (Test of English for Early Childhood Educators) is designed for early childhood educators based on the daily routines and annual curriculum of Japanese preschools and kindergartens. This test is administered by Youho Eigo Kentei Kyokai (Organization of English for Early Childhood Educators). The test gives test takers a guideline to increase their language and comprehension levels, of both Japanese and English, by focusing on early childhood education, assessing reading, writing, listening, and speaking skills. We work closely with over 200 universities, colleges, technical schools, and high schools in Japan that have early childhood education departments. We also work with universities and Japanese schools overseas for non-native Japanese speakers who want to improve their professional skills. The test certificate shows that the person designated possesses the English proficiency level of the grade in which he or she has been certified.

本書について

本書は、幼保英語検定2級のテキストです。

本書は、「入園相談」から「病気・ケガ」までの７つの章で、各章とも、保護者・園児との会話、各種文章作成と参考資料から構成さています。

会話文は、先生と保護者との会話、先生と園児との会話から成り立っており、各会話は、左のページに日本語による会話を記載し、右のページに英訳を記載しています。本書は、幼保英語検定２級級の能力目安に準拠し、園児や保護者と幼保英語をつかって基本的なコミュニケーションを取ることができ、簡単な文書の作成を行うことができるレベルの英語力の習得を目的としています。幼保英語検定２級の目安は、高校中級～卒業程度です。

本書の特色

日本における保育、幼児教育現場に即した内容を前提としています。また、本文では取りあげられていない単語も関連性の高いものは学習のために記載しています。

園での日常活動で使われる英語や英語表現を身につけることができるよう工夫しており、紹介シーンも、日本の習慣や行事など、日本での保育、幼児教育を前提としています。

① 説明や解説の文章の中に記載している英語の表記には、「　」（カギカッコ）をつけています。「　」（カギカッコ）は日本語の文章の会話文を表記する方法として使われ、文中の英語には通常、“”（クォーテーション）や斜体で区別しますが、「　」（カギカッコ）は区別が明確にしやすいため、本書では説明や解説の際に日本語及び英語のイディオムや単語の区分方法として採用しています。

② 人物の呼称は、英語圏では園児はファーストネームを使い、先生や保護者などにはMrs.、Mrs.、Ms.をつけて使いますが、日本の生活慣習から違和感を生じないよう、英会話文でも、園児は「○○-kun、○○-chan」、先生は「○○-sensei」、保護者には「○○-san」と表現しています。

③ 会話文は日本文が一文でも、英文は２文に、またその逆になっている文もありますが、これは日本語、英語それぞれが自然な会話になるように作成したことによります。

本書を十分に学習され、早期に幼保英語検定２級に合格されることを祈念しております。

バーチャル園の紹介

本書では、実際の園での会話をイメージできるよう、バーチャル幼児教育施設を設定しています。

園名　フォレガーデン園

所在地	東京都港区麻布２丁目
最寄駅	北東線麻布駅徒歩10分
避難場所	有栖川山公園
電話	03－987－9876　メール azabu2@ac.ko.jp
園の紹介	0歳児より未就学児まで
	乳児１歳児未満　10名
	２歳児未満　15名
	２歳児　15名
	３歳児　20名
	４歳児　20名
	５歳児各　30名
園の内容	２階建て、保健室、園庭、プール、調理室、屋上広場あり
主な登場人物	園長　山田　けいこ
	保育士　鈴木　よしこ
	幼稚園教諭　川村　さおり
	ネイテイブ　キャロリン

園児	**誕生日**	**父**	**母**	**兄弟・姉妹**
荒木　たえこ	4月3日生	太郎	文子	
小野　ひろし	4月8日生	健	ますみ	妹　陽菜（8か月）
佐々木 えり	11月19日生	光	—	兄　太郎（6歳）
田中　こういち	11月30日生	—	和子	
戸張　れいこ	3月10日生	伸一	ジョウイ（米国人）	

お断り　本書に設定している園の規模、内容は幼保英語を学習しやすいよう想定しているので、幼稚園及び保育園の開園基準、職員数、提供すべき教育内容、給食を含む衛生設備等については法的条件を前提としておりませんので、あらかじめご了承ください。

第1章　入園相談

Chapter 1　Finding a Preschool

保育方針など、園のホームページなどで様々な情報を得ることができます。しかし、どの園が自分の子どもに合うのかを決める際には、保護者は園に足を運び、自分の目で見て選びたいものです。保護者からの問い合せやはじめての園訪問の際の対応は、園の印象を決める大切なものです。園にとっても、園児や保護者にとっても、入園が待ち遠しい時間となるよう、様々な状況を英語で表現していきましょう。

シーン1　電話で園までの道順を教える

シーン2　訪問相談にお応えする

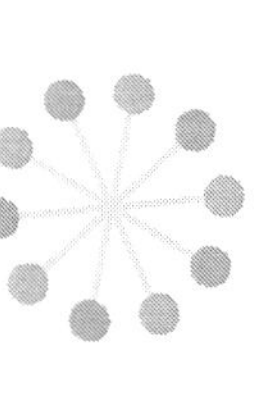

電話で園までの道順を教える

もしもし。フォレガーデン園です。事務の○○です。

こんにちは。本日入園担当の方とお約束している小野と申します。

今、麻布の駅にいます。どちらの出口から出たら良いかを教えて頂けますか？

わかりました。南口から出られると、正面に大きな道があります。その道を左方向に進んでください。

二つ目の信号を右折すると、左側にクリーニング屋さんがあります。

そこの角を左折すると小学校があります。

その前が、当園です。

駅から歩いてどれくらいですか？

大人の足で徒歩10分くらいです。

ご親切に有難うございました。

いいえ。お会い出来るのを楽しみにしています。

Vocabulary

行き方 direction

信号 traffic signal

小学校 elementary school

～の方へ toward ～

～と約束している have an appointment with

クリーニング屋 a dry-cleaning shop

出口 exit

（建物などの）正面に facing

Asking for Directions to the Preschool by Phone

Hello, Fore Garden Preschool, may I help you?

Hello. Yes, my name is Ono and I have an appointment today with the admissions director.

I'm at Azabu station now. Could you please tell me which exit I need to take?

Okay. Please take the south exit you'll see a big street in front of you. Turn left and go along this street.

Turn right at the second traffic light. Then, you'll see a dry-cleaning shop on the left.

Turn left at that corner and you'll see an elementary school.

We are facing that school.

How long does it take to walk there from the station?

It's about a 10-minute walk for an adult.

Thank you for your kindness.

My pleasure. We look forward to seeing you soon.

Point 1

電話で応対する場合、日本語で「どちら様ですか？」と相手に尋ねるのは、英語の場合も同じです。

「どちら様ですか？」は、英語で Who are you? と表現したくなりますが、電話の場合は、正しい表現ではありません。Who are you? を日本語に直訳すると、「あなたは誰なの？」という意味になってしまいます。

May I have your name please?「お名前をお伺いできますか？」と表現しましょう。

Point 2

園の職員の名前を覚えましょう

園長 principal　　入園担当者 admissions director

事務員 office staff　　担任 homeroom teacher　　補助教員 assistant teacher

電話応対のフレーズを学びましょう

どちら様ですか？	May I ask who's calling, please?
担当が席をはずしています。	The person in charge is out of the office.
担当は、只今、電話中です。	The person in charge is on the other line right now.
折り返しお電話をしてもよろしいですか？	May I call you back?
伝言を残されますか？	Would you like to leave a message?
担当に伝えます。	I will pass your message to the person in charge.
ご連絡先をお伺いしてよろしいですか？	May I have your phone number, please?
お電話ありがとうございました。	Thank you for calling.

道順を伝えるフレーズを学びましょう

まっすぐに進む	go straight down
右（左）に折れる	turn right/left
坂を登る	go up the slope
公園の隣り	next to the park
学校の正面	in front of the school
レストランと文房具店の間	between the restaurant and the stationary shop

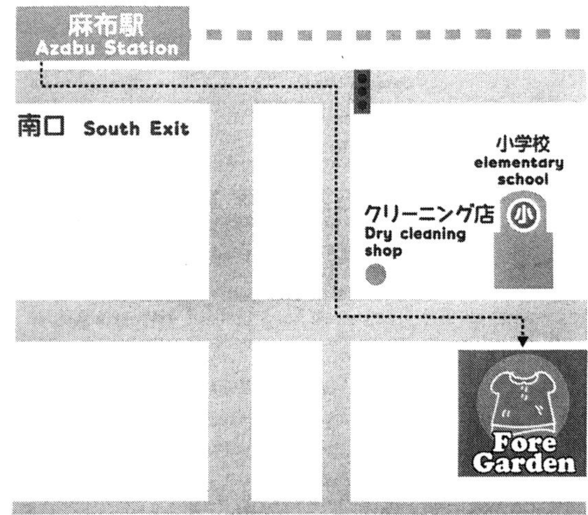

伝言メモを学びましょう

内容は勿論、誰から、いつかかった電話か、対応者が誰かが分かるように作成します。

☎ 伝言メモ

事務室あて

5月10日　14時22分頃
小野博君のお母さまより
入園相談の連絡あり。
折り返しの電話をお待ちです。

本日の17時頃までは自宅に
いらっしゃるそうです。

電話番号は、03-6276-XXXXです。

本田　麻美

(例) ☎ Telephone Message

To : Office Staff

Date : May 10　Time : 14:22

Name : Mrs. Ono

Telephone Number : 03-6276-XXXX

- ☐ Telephone
- ☐ Came to see you
- ☐ Wants to see you
- ☐ Returning your call
- ☑ Please call back
- ☐ Will call again
- ☐ Urgent
- ☐ When possible

Message :

Mrs. Ono (son's name is Hiroshi) is interested in our preschool. Please call her back. She said she will be at home until 17:00 today.

Recorded by: Asami Honda

文法 品詞を復習しましょう

英語には様々な単語があります。これらは役割によってグループに分けることができます。このグループを品詞といい、8つの種類があります。

1・**名詞** 人、動物、物など、「名前」「名称」を表します。
Ex) station 駅　　child 子ども

2・**代名詞** 名詞の代わりに用います。
Ex) this これ　　I 私

3・**形容詞** 名詞、代名詞を修飾します。人や物の種類や性質を表します。
Ex) hard 難しい　　hot 暑い

4・**動詞** 人や物の動作や状態などを表します。
Ex) tell 伝える　　walk 歩く

5・**副詞** 動詞、形容詞、他の副詞を修飾します。
Ex) very とても　　now 今

6・**前置詞** 名詞または代名詞の前におかれ、セットで他の語を修飾します。
Ex) behind ~の後ろで　　on ～ の上で

7・**接続詞** 文と文、単語と単語等を結びつけます。
Ex) and そして　　but しかし

8・**間投詞** 感情を表すために発せられ、それ自身で意味を持ちます。
Ex) Oh あぁ　　Alas 悲しいかな

訪問相談にお応えする

失礼いたします、いくつかお聞きしたいことがあるのですがよろしいですか？

はい、どうぞ。

最近、こちらの近所に引っ越してきました。
息子を４月からこちらの園へ入園させようか考えています。
入園申込書の受付がいつからか教えて頂けますか？

11月から入園関係書類をお配りします。それから2月1日より入園申込書受付を開始します。

お子様はおいくつですか？

５歳です。

特にご心配なことや他に具体的にお知りになりたいことはありますか？
例えば、食べ物のアレルギーや特別健康上の心配事はありますか？

はい、息子は、小麦粉アレルギーなのですが、そんなにひどくはありません。

そうですか。それでは、入園書類提出の際に、必ずそのことを入園申込書に記入してください。

園ではパンやフライを給食に出すことがありますのでお子様のアレルギーについて把握しておく必要がありますので。

わかりました。有難うございました。

Vocabulary

～に引っ越す move into ～
～を入園させる enroll
(申し込みなどを)承諾する accept ～
～配布する hand out ～
入学関連書類 admissions package
入園申込書 application
特に心配なこと special concern
アレルギー allergy
深刻な severe
～を確かめる make sure　～
～を提供する provide ～
～を提出する submit ～

Answering Perspective Parent

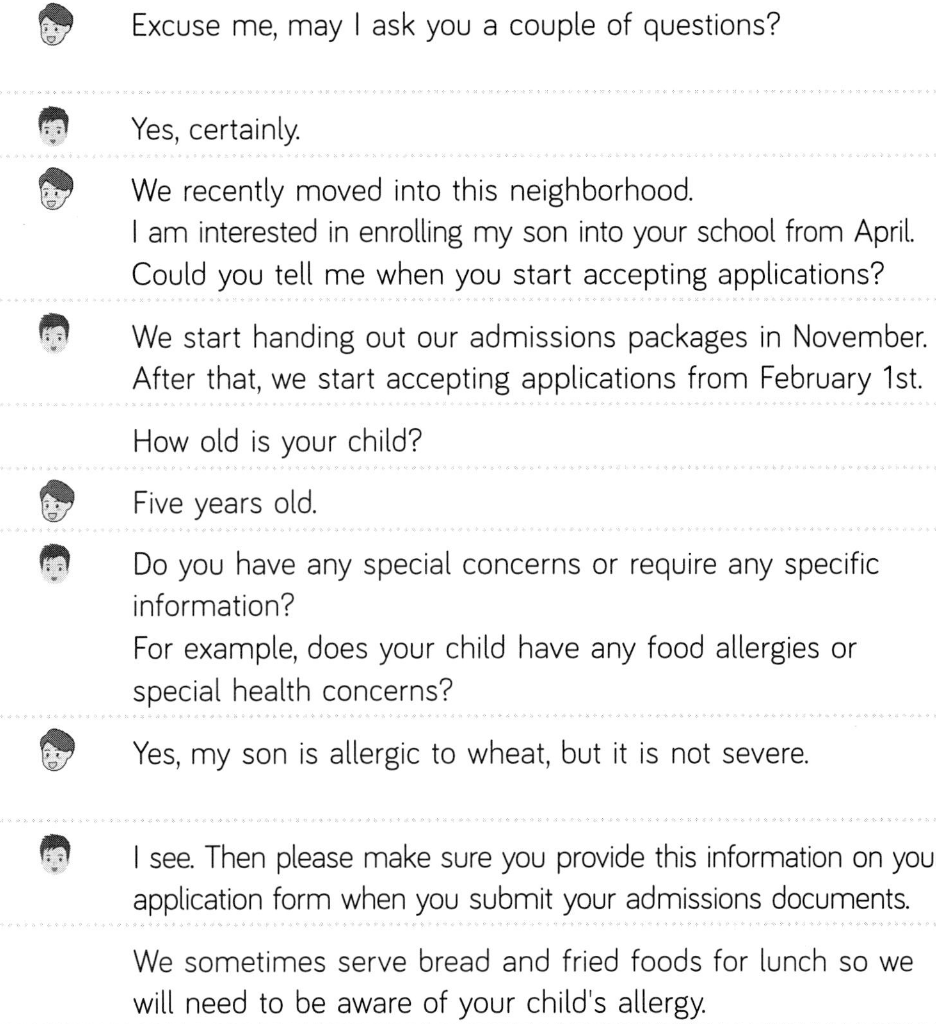

Excuse me, may I ask you a couple of questions?

Yes, certainly.

We recently moved into this neighborhood.
I am interested in enrolling my son into your school from April.
Could you tell me when you start accepting applications?

We start handing out our admissions packages in November.
After that, we start accepting applications from February 1st.

How old is your child?

Five years old.

Do you have any special concerns or require any specific information?
For example, does your child have any food allergies or special health concerns?

Yes, my son is allergic to wheat, but it is not severe.

I see. Then please make sure you provide this information on your application form when you submit your admissions documents.

We sometimes serve bread and fried foods for lunch so we will need to be aware of your child's allergy.

Okay. Thank you.

Point 1

We will need to be aware of your child's allergy.

need to（○）　　have to（×）

いずれも日本語では、「～ する必要がある」の意味を表しますが、今回の文章では、have to は不適切です。need to は「～する必要がある」という意味なのに対して、have to は「客観的な事情によりする必要がある（せざるを得ない）」という場合に用います。

訪問相談にお応えする

ひろし君、こんにちは。
今日は、ひろし君に会えて嬉しいわ。

うん！ぼくも！

先生に、何歳か教えてくれるかな？

5歳だよ。

兄弟はいる？

妹が一人いるよ。

あら、いいわね！妹さんとはよく一緒に遊ぶの？

うん、たくさん遊ぶよ。でもまだ小さいんだ。

そうなのね。じゃあ、妹さんはお兄さんと遊べて喜んでいるでしょうね！

今日は、どうやって学校にきたの？

歩いてきたよ。

Answering Perspective Parent

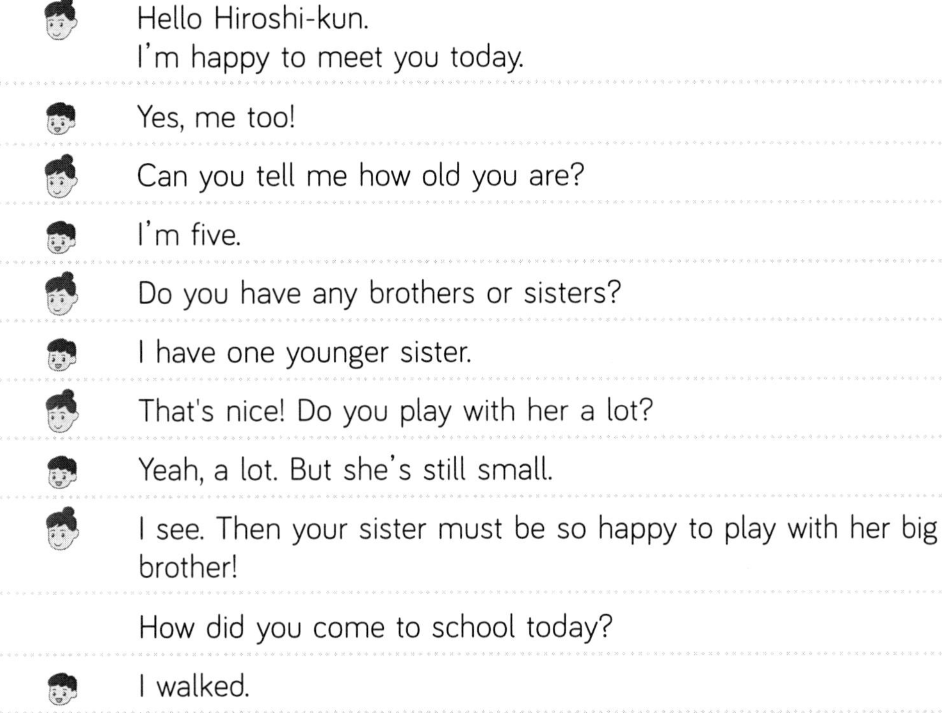

Hello Hiroshi-kun.
I'm happy to meet you today.

Yes, me too!

Can you tell me how old you are?

I'm five.

Do you have any brothers or sisters?

I have one younger sister.

That's nice! Do you play with her a lot?

Yeah, a lot. But she's still small.

I see. Then your sister must be so happy to play with her big brother!

How did you come to school today?

I walked.

Point 1　"Do you play with her a lot?"　（彼女とよく遊ぶの？ ※（本文では、her（彼女）を「妹」と訳しています）

この表現は、いつも遊んでいる、ときどき遊ぶと言った遊ぶ頻度を聞く表現です。

従って、"Do you play with her a lot?" に対する返事は、yes または no だけではなく、a lot（いつも）あるいは sometimes（時々）など、頻度の説明を加えます。

Do you get along with her well?（彼女とは仲良しなの？）

Do you get along with her well? に対する返事は、yes か no、あるいは so so（まあまあ）となります。

Point 2　"Can you tell me how old you are?"　（何歳か教えてくれますか?）

tell は目的語を二つ取る動詞で、＜（人）に＋（もの）を＞の順で並べます。この文では、how old you are（あなたが何歳かということ）が＜もの＞にあたります。元は How old are you?（あなたは何歳ですか。）という疑問文ですが、肯定文の語順にすると名詞節となり、目的語として使うことができます。この名詞節を関節疑問文と呼びます。また、tell は「伝え」という意味です。teach は「（勉強、教科）を教える」の意味なので区別する必要があります。話すことに関連する動詞はほかに、say、speak、talk などがありますが、使う用途が違いますのでここで一緒に覚えておきましょう。

say ある言葉を口に出す speak 言葉を発する talk 話して聞かせる、相手と打ち解けて会話をする。

Point 3　"It's a pleasure to meet with you today."　（今日はあなたに会えて嬉しいわ。）

※（本文では、you（あなた）を「ひろし君」と訳しています）Nice to meet you. と似た表現ですが、meet with は、単に会うだけでなくこれから目的を持って話をする意味になります。

園説明会の案内を作成してみましょう

園説明会のお知らせ

来る11月2日（土曜日）午前10時より12時まで、フォレガーデン園で、入園説明会を開きます。

生年月日が2014年４月２日から2018年　4月１日までのお子さまの保護者には、2019年度願書一式を当日会場でお配りします。説明会への入場は無料、予約は不要です。　なお園内には駐車場がありません。公共の交通機関をご利用ください。

交通機関：北東線麻布駅南口より10分

November 2, 2019
10:00 am ~ noon, Saturday

Getting to Know Fore Garden Preschool

Doors open at 9:30 am

This orientation is open to anyone interested in learning about

Fore Garden Preschool

Application packets for the 2019-2020 school year will be available at this orientation for the parents of children who were born between April 2, 2014 to April 1, 2018

Entrance to the orientation is free and no reservation is required.

There is NO PARKING SPACE at Fore Garden.

Please use public transportation.

＊a 10-minute walk from Azabu station on the HOKUTO subway line (South Exit).

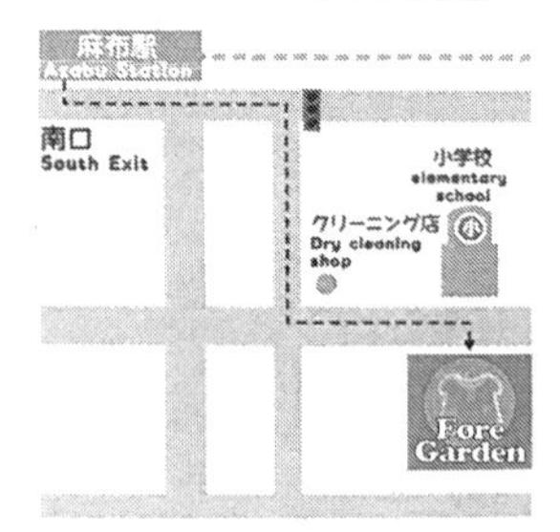

文法 句と節を学びましょう

8品詞の単語が集まってつくる「言葉」は、「句」と「節」に分けられます。

句 いくつかの語が集まり、名詞、形容詞、副詞の様に一つの品詞の働きをします。

名詞句 語が集まり、名詞の働きをします。
To be a preschool teacher is hard but challenging.
（幼児教育の先生であることは、大変ですがやりがいがあります。）
「To be a preschool teacher」が、「幼児教育の先生であること」という名詞句です。

形容詞句 語が集まり、形容詞の働きをします。
The boy behind the curtain is Bob!
（カーテンの後ろに隠れている子はボブよ！）
「behind the curtain」が形容詞句として「the boy」を修飾しています。

副詞句 語が集まり、副詞の働きをします。
We will start handing out our program in November.
（11月からプログラムをお配りします。）
in November が（11月）にという副詞句です。

節 いくつかの語が集まり、主部と述部をもち、他の文の一部となるものです。

等位節 接続詞によって対等の関係で結ばれている節をいいます。
We serve fried food for lunch so we need to be aware of your child's allergy.（園ではフライを給食として出すので、お子様のアレルギーについて注意が必要です。）
「A節」so「B節」で、A節とB節は対等な関係で結ばれています。

従位節 文中で名詞、形容詞、副詞のように一つの品詞の働きをする節です。従位節でない方を主節といいます。
Can you tell me how old you are? （あなたは何歳ですか？）
how old you are が「何歳か」という従位節の名詞節となっています。
Can you tell me が主節です。

プリスクール　入園申込書

フォレガーデン　プリスクール・幼稚園
入園申込書

ここに写真を
貼り付けて
ください

入園希望日

☐ 第一学期：8月　☐ 第二学期：1月　☐ 第三学期：4月

お子さまの氏名
姓　名　ミドルネーム　あだ名

国籍　性別

生年月日
年　月　日　年齢

言語
第一言語　第二言語

お子さまの英語レベル：
☐ 未経験
☐ 初級レベル
☐ 日常会話能力レベル
☐ ネイティブレベル

日本での住所　〒

電話番号

申請者が通園した、および/または現在通園しているナーサリー/保育園/幼稚園

園名　通園した日付

父親の名前
漢字の名前
(該当する場合)
父親の生年月日
携帯電話番号
電子メール
国籍
言語
第一言語　第二言語
勤務先
役職
勤務先の住所　〒
勤務先の電話番号
勤務先の電子メール

母親の名前
漢字の名前
(該当する場合)
母親の生年月日
携帯電話番号
電子メール
国籍
言語
第一言語　第二言語
勤務先
役職
勤務先の住所　〒
勤務先の電話番号
勤務先の電子メール

Preschool Application Form

FORE GARDEN PRESCHOOL & KINDERGARTEN
APPLICATION FORM

Attach Photo Here

Desired Term of Enrollment

☐ Term 1: August ☐ Term 2: January ☐ Term 3: April

Child's Name ______ ______ ______ ______
Family Name / Given Name / Middle Name(s) / Nickname(s)

Nationality ______ Gender ______

Birth Date ______ ______ ______ ______
Month / Day / Year / Age

Language(s) ______ ______
First / Second

Child's English Level:
☐ No Proficiency
☐ Beginner Proficiency
☐ Daily Conversation Proficiency
☐ Native Proficiency

Address in Japan 〒 ______

Home Phone Number ______

Nursery / Preschool / Kindergarten the applicant has attended and/or is currently attending.

______ ______
Name of School / Dates Attended

Father's Name ______
Name in Kanji / Chinese Characters, if applicable ______
Father's Birth Date ______
Cellular Phone Number ______
Personal E-mail Address ______
Nationality ______
Language(s) ______ ______
First / Second
Employer ______
Occupation ______
Work Address 〒 ______
Work Phone Number ______
Work E-mail Address ______

Mother's Name ______
Name in Kanji / Chinese Characters, if applicable ______
Mother's Birth Date ______
Cellular Phone Number ______
Personal E-mail Address ______
Nationality ______
Language(s) ______ ______
First / Second
Employer ______
Occupation ______
Position ______
Work Address 〒 ______
Work Phone Number ______
Work E-mail Address ______

BC

覚えておこう ①

英語では、動詞や名詞など品詞だけを覚えていても会話になりません。

色々な品詞を組み合わせた２語以上からなるイディオム（熟語）やフレーズ（きまり文句）を多く知識として持っておくことが必要です。ことにイディオムは、簡単な単語を組み合わせて作られていますので覚えやすく、会話でも多用されます。ぜひ、多くのイディオムやフレーズを覚えるように心掛けてください。

一般動詞が用いられる熟語

get を用いたイディオム

～から外へでる	：	get out of ～
戻る	：	get back
体調が良くなる	：	get well
興奮する	：	get excited
理解する	：	get it
～とうまくやっていく	：	get along with

take を用いたイディオム

散歩する	：	take [go for] a walk
～の世話をする	：	take care of [look after] ～

その他　園でよく使うイディオム

～と友だちになる	：	make friends with ～
～をきれいに掃除する	：	clean up ～
～するのを楽しみに待つ	：	look forward to ～ ing
～と握手する	：	shake hands with ～
～を（車で）迎えに行く	：	pick up ～

第2章　入園・登園

入園は、園児にとって集団生活を経験する第一歩です。期待と不安でいっぱいです。入園した日から、新しい出来事がたくさん起きます。登園は、毎日が大冒険。送り迎えする保護者にとっても慣れるまでは、わくわくドキドキの毎日でしょう。保護者と一緒の通園は、新しい体験の共有と相互信頼を培える大切な機会です。園の門の前やエントランスで迎える先生の笑顔を見て、園児も保護者も安心して楽しく園生活を送ることができるでしょう。土砂降りの雨の日や暑い真夏日に、頑張って登園した園児と保護者への声かけなどを英語で表現していきましょう。

シーン1　初めての登園
シーン2　雨の日の登園
シーン3　暑い日の登園

初めての登園

はじめまして。小野ひろしの母でございます。

こんにちは。はじめまして、小野さん。

ご入園おめでとうございます！ひろし君の担任の鈴木と申します。

おはようございます。ひろし君。鈴木先生です。よろしくね。

一緒に楽しいことをたくさんしましょうね！

お母さま、今日、家庭調査票はお持ち頂けましたか？

はい、持ってきました。これでよろしいでしょうか？記入もれがあれば、教えてください。

有難うございます。それと、事前にお願いしていましたように、持ち物すべてにお名前を書いていただけましたか？

はい、一通り、書いたつもりです。書き忘れはなかったと思います。

帰りはお母さまがお迎えにいらっしゃいますか？

はい、できるだけ私が来るつもりです。

ただ、仕事をしているので、間に合わないときは、私の母にひろしのお迎えを頼むことがあるかもしれません。

わかりました。おばあさまの連絡先も園に届けて頂いていますか？

すみません、忘れていました。調べて、今日お迎えにくるときに先生にお伝えします。

Vocabulary

送り迎え drop off and pick up

家庭調査票 a parent/guardian form

～を記入漏れする miss ～ out

記す label

持ち物 belonging

～を預ける leave

連絡先 contact information

First Day of School

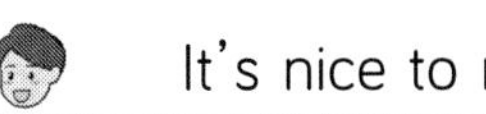

It's nice to meet you. I'm Hiroshi Ono's mom.

Hello Ono-san. It's nice to meet you too.

Welcome to our preschool! I'm Suzuki, Hiroshi-kun's homeroom teacher.

Good morning Hiroshi-kun. I'm Suzuki. It's nice to meet you.

Let's do a lot of fun things together!

Ono-san, did you bring your parent/guardian form with you today?

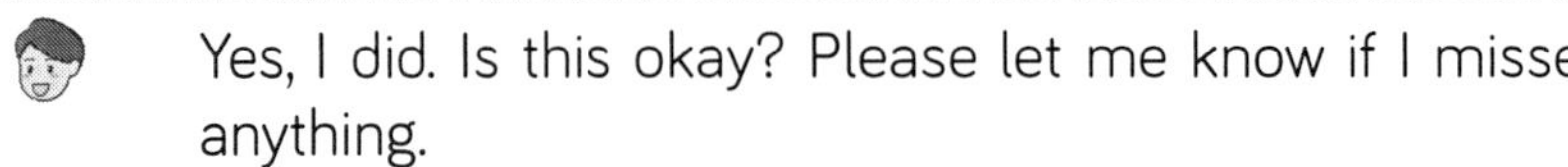

Yes, I did. Is this okay? Please let me know if I missed anything.

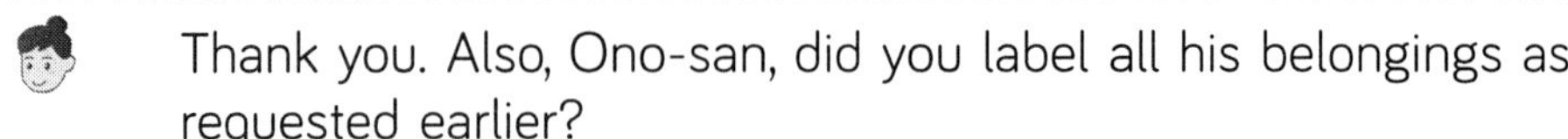

Thank you. Also, Ono-san, did you label all his belongings as requested earlier?

Yes, I believe I labeled them all. I hope I didn't miss anything.

Are you coming to pick him up after school?

Yes, I am planning to come as often as I can.

But because I work, I may ask my mother to pick Hiroshi up when I can't make it on time.

Okay. Did you leave Hiroshi-kun's grandmother's contact information with us as well?

Sorry, I forgot that. I'll check the number and tell you when I pick up Hiroshi today.

Point 1 I hope I didn't miss anything.（書き忘れはなかったと思います。）

「忘れる」という表現は forget を思い浮かべると思いますが、forget は「頭から消える」の意味で、「分かっていたがやり損ねる」意味では miss を使います。ちなみに今回のシーンの会話では、もし忘れてもそれはわざとではなくうっかりですから、It slipped my mind! と表現できます。

もちろん、その後に I'm sorry. を忘れることなく！

初めての登園

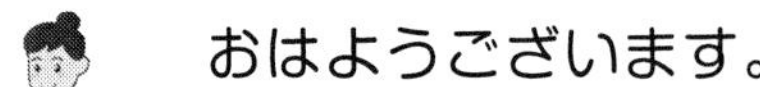

おはようございます。

おはようございます。

今日から新しいクラスが始まります。みんなのクラスはうさぎ組です。

うさぎさんが元気に跳ねるのと同じようにクラスのみんなも元気に過ごせるように！と思って「うさぎ組」という名前にしたんですよ！

先生の名前は、鈴木先生です。

いまから、出席を取ります。名前を呼びますから、呼ばれたら、「はい！」と返事してくださいね。わかりましたか？

はーい！

では、次に、みんなの持ち物を確認しましょう。スモックは持ってきましたか？

ぼくスモック持ってきてないよ。

大丈夫よ、ひろし君。後でママに伝えて明日持ってくればいいからね。

今日は、園のを使っていいですよ。

Vocabulary

～を呼ぶ call

～に・・・と名前を付ける name ～

確認する check

元気一杯 full of energy

First Day of School

Good morning.

Good morning.

This is the first day of class. Your class name is the rabbit class.

I named this class the "rabbit class" because I wanted everyone to be full of energy like when rabbits jump!

My name is Suzuki-sensei.

Now, I'll call your names. Please say, “here!” when you hear your name, okay?

Okay!

Now, let's check your belongings. Did everyone bring their smock?

I don’t have mine.

Don’t worry, Hiroshi-kun. Let’s tell your mom later and you can bring the smock tomorrow.

You can use one of the school's today.

Point 1 “Don’t worry, Hiroshi-kun.” （大丈夫よ、ひろし君。）

会話の雰囲気をつくる方法として、口調の強弱や顔の表情の変化による工夫はいずれの言語にもみられますが、その一つに会話の中で話し相手の名前を入れて呼びかけるというものがあります。今回の会話でも “Hiroshi-kun” と相手の名前を付け加えるだけでより優しく、親しみの込もった雰囲気になります。

家庭調査票の内容を学習しましょう

Family Questionnaire 児童家庭調査票

<table>
<tr><td colspan="2">Child's Name 児童氏名：</td></tr>
<tr><td>Gender 性別：　　Blood type 血液型：</td><td rowspan="3">写真</td></tr>
<tr><td>Date of Birth 生年月日：</td></tr>
<tr><td>Address 住所：</td></tr>
<tr><td colspan="2">Home Telephone 電話番号：</td></tr>
<tr><td colspan="2">Parent/Guardian's Name 保護者氏名：</td></tr>
<tr><td colspan="2">Emergency Contact 緊急連絡先：</td></tr>
<tr><td colspan="2">Names of Family Members 家族構成：</td></tr>
<tr><td colspan="2"></td></tr>
<tr><td colspan="2"></td></tr>
<tr><td colspan="2">Do any of the following apply to your child?
下記事項がお子様にあてはまる場合は、☑をしてください。</td></tr>
<tr><td colspan="2">◆ Is your child taking any medication on a regular basis?
☐ Yes　☐ No
常備薬がありますか？</td></tr>
<tr><td colspan="2">◆ Does your child have any physical/health limitations that effect school attendance?
☐ Yes　☐ No
園活動に支障のある身体的な制約はありますか？</td></tr>
<tr><td colspan="2">Foods not to be given to the child 食べさせていけない食品：
☐ for religious reasons 宗教上の理由　☐ allergy アレルギー</td></tr>
<tr><td colspan="2">Who is responsible for your child's transportation to and from the school?
送迎責任者</td></tr>
<tr><td colspan="2">Type of transportation 送迎の方法：
☐ On foot 徒歩　☐ By bicycle 自転車　☐ By car 車　☐ By bus バス</td></tr>
<tr><td colspan="2">Travel time 所要時間：</td></tr>
</table>

文法　英語の文型を復習しましょう

どの言語も、基本的に主部と述部で文章が成り立っています。この述部を構成するのが、品詞のうちの「動詞」です。英語ではこの動詞が重要です。

それは動詞の働きによって、文章の成り立ちが決まってくるからです。英語では、この述部となる動詞によって、5つのパターンに分類されています。これを学校の文法では5文型といって学習します。

なお、基本的には5文型なのですが、じつは5文型にはおまけがあります。そのおまけをいれると5文型＋3付加語と分類されます。これは「会話」では非常に重要です。

なぜなら、「会話」では、主語も述部も省略して付加語だけで会話が成立することがあるからです。なぜが英語になると、文法通りに話そうとし、相手も文法通りの返事をくれないと理解できずに焦ってしまいます。

（例）Where do you put Tom's bag?（トムのバックはどこに置いているの？）
⇒ I put it (= Tom's bag) on the shelf.（トムのバックは棚に置きました。）
⇒ on the shelf.（棚の上）

第一文型	S+V	Everyone laughed. みんな笑いました。
	S+V+A（付加語）	Tom is <u>in the room</u>.（下線部が付加語） トムは部屋の中です。
第二文型	S+V+C	This flower is red! この花は赤いよ！
	S+V+C+A（付加語）	Sarah is fond <u>of dancing</u>.（下線部が付加語） サラはダンスが好きです。
第三文型	S+V+O	Jiro wanted to sleep. じろう君は、寝たがっていました。
	S+V+O+A(付加語）	I put Tom's bag <u>on the shelf</u>.（下線部が付加語） トムのバックは棚の上に置きました。
第四文型	S+V+O+O	I told the children this story. 子ども達にこの話をしました。
第五文型	S+V+O+C	Mary painted the cup blue. メアリーはカップを青く塗りました。

園のスケジュールを作成してみましょう

園の一日　(例)

8：00 ― 8：30	登園
8：30 ― 9：00	あいさつ、自由時間（読書、パズル、お絵描きなど…）
9：00 ― 10：00	朝の会 / 歌 / お話 / ことば / かず / アート / コンピューターで遊ぼう
10：00 ― 10：15	おやつ
10：15 ― 11：30	外遊び（三輪車、ボール遊び、砂場遊び、公園へお散歩など…）
11：40	お片付け
11：50	手洗いとトイレ
12：00	昼食
12：30	おかえり（半日だけの園児）
12：30 ― 13：00	昼食のお片付けとクワイエットタイム（トイレ、歯みがき、お昼寝）の準備
13：00 ― 14：30	クワイエットタイム
14：30 ― 15：15	おかえりの会（どんな一日だったかな？）（おはなし、おかえりの歌）
15：15	おかえりの準備
15：30	おかえり（全日の園児）
15：30 ― 17：00	延長保育

園のスケジュールを作成してみましょう

Daily Schedule

8：00 － 8：30	Morning Arrival
8：30 － 9：00	Greetings and Free Time（reading books, puzzles, drawing etc.）
9:00 － 10:00	Circle Time / Songs / Stories / Language / Numbers / Arts and Crafts / Playing on a Computer
10:00 － 10:15	Snack Time
10:15 － 11:30	Outdoor Activities（tricycles, playing with balls, sand box, walking to a park etc.）
11:40	Clean-up Time
11:50	Washing Hands and Bathroom Time
12:00	Lunch
12:30	Half Day Students Depart
12:30 － 13:00	Clean-up after Lunch and Quiet Time（Bathroom, Brushing Teeth, Nap Time）
13:00 － 14:30	Quiet Time
14:30 － 15:15	Circle Time（Story, Goodbye Song）
15:15	Get Ready to Go Home
15:30	Full Day Students Depart
15:30 － 17:00	After School Extended Care

雨の日の登園

おはようございます。今日はひどい雨ですね！

はい、風がひどくて傘もさせないくらいでした。

そのようですね！ひろし君もお母さまもびしょ濡れですね！タオルはいりますか？

ご親切にありがとうございます。でも帰りもまた濡れてしまいますから、大丈夫です。

わかりました。ひろし君は、拭いてから教室に連れて行きますからご安心ください。

ありがとうございます。よろしくお願いします。

ロッカーに予備の着替えはありますか？

はい、2セットあります。

では、風邪をひくといけないので、シャツを着替えさせますね。

Vocabulary

ひどい雨 pouring rain

帰り道で on the way home

びしょ濡れになる soaking wet

風が強い windy

拭いて乾かす dry off

Going to School on a Rainy Day

Good morning. It's pouring rain today!

Yes, and it was so windy that we couldn't even keep the umbrella open.

I can see that! You and Hiroshi-kun are soaking wet!
Do you need a towel?

Thank you for your kindness. I'll just get wet again on the way home, so I think I'm okay.

Okay. Then I will dry Hiroshi-kun off and take him to the classroom, so no need to worry about him.

Thank you, I appreciate it.

Does Hiroshi-kun have extra clothes in his cubby?

Yes, he has two sets of extra clothes.

Okay. Then, I will get his shirt changed just in case he catches a cold.

Point 1 "I can see that!"　（そのようですね！）

相手に同感している気持ちを表現する方法です。see は「～が見える」と言う意味の他に、「～が分かる」と言う意味があります。この会話では、「風が強くて傘がさせないほど登園が大変だったことが分かる」の意味です。I see. という表現もありますが、I can see that. の方がより強い共感の気持ちを表します。ちなみに、I see, I see. と2度繰り返すと「わかった、わかった。」と面倒くさそうな印象を含みます。

Point 2 "Thank you for your kindness."　（ご親切にありがとうございます。）

相手の申し出を受け入れるときには、親しい間柄の場合 That's just what I needed.（それちょうど欲しかったんです！気が利いてるわね！）と表現できます。この会話の場合、that はタオルを指します。

雨の表現を覚えましょう

小雨　light rain
にわか雨　sudden shower
豪雨　rainstorm
霧雨　drizzle
通り雨　a passing shower
ひどい雨　heavy rain
雷雨　thunder shower

雨の日の登園

この雨の中、園にたどり着けてよかったわ。

傘をたたんで傘立てにいれられるかな？そのあと、コートも脱げるかな？

雨すごかったよ！靴の中までびしょびしょになってるよ！

ほんとうに濡れちゃってるね。

ずっと大雨の中、無事に園までこれてよかったね！えらいよ！

さあ、タオルで髪の毛をふいて着替えましょう。上履きに履き替える前に、靴と靴下も脱いでね。新しい靴下を履いたら、上履きに履き替えてね。

どうしよう、新しい靴下がない！

わかりました。園のを履いていいよ。濡れた靴下は先生にちょうだい。干しておくから。

ありがとう。乾いた靴下、暖かくて気持ちいいや。

Vocabulary

傘立て umbrella stand

〜を脱ぐ take off

完全に , 下まで all the way down

うまくいく make it

びしょびしょに濡れている soaking wet

えらいよ! Nice job!

〜を履く put on 〜

上履き inside shoes

予備の extra

Going to School on a Rainy Day

I'm glad that you made to school in this heavy rain.

Do you think you can close your umbrella and put it in the umbrella stand? Then, can you take off your coat too?

It was so heavy! I'm soaking wet all the way down to my shoes!

Yes, you are.

It's great that you made it all the way to school. Nice job!

Now, let's dry your hair with a towel and get changed. Take off your shoes and socks before you change into your inside shoes. Put on your inside shoes after you change into a new pair of socks.

Oh no, I don't have any extra socks!

Okay. You can wear a pair of the school's socks. Give me your wet ones. I'll dry them.

Thank you. Oh, the dry socks feel nice and warm.

Point 1 "It's great that you made it all the way to school." （ずっと大雨の中、無事に園までこれてよかったね。）

「ずっと」という表現するには、while を用いて all the while と言います。

all the way は道のりや距離の長さを強調するのに対して、all the while は時間的な長さを強調するのに使います。

Point 2 wear

wear は、「（服や装飾品）を着ている、身につけている」状態を表す動詞です。日本語では、物によって「着ている」「被っている」「履いている」「かけている」「（化粧を）している」など異なる動詞を使いますが、英語では wear を使います。wear が身につけている状態を意味するのに対して、「着る、身につける」動作を表すには put on を使いますので、区別しましょう。

保護者への非常事態対応のお知らせを作成してみましょう

大規模災害発生時の対応について

保護者の皆様へ

フォレガーデン園では、大規模災害が発生した場合の手順を次の通りとしています。

（１）登園前に暴風・大雨・洪水・大雪等の警報及び地震の警戒宣言が発令された場合には登園を見合わせてください。

（２）登園後に発令された場合は、引き取り手順に従ってできるだけ早くお迎えに来てください。

園長　山田　けいこ

Preparation for the Eventuality of a Natural Disaster

Dear Parents,

Fore Kids Garden Preschool has taken the following steps to make our school and staff more disaster ready.

(1) If an official storm / flood / snow / earthquake or other alert is announced before taking your child to school, please stay home with your child.

(2) When an official alert is announced after your child has been dropped off at school, please pick up your child as soon as possible following the Student Release Procedure.

Principal, Keiko Yamada

文法 受動態を学びましょう

（１）文章の主語によって、「～ する」という表現の能動態と、「～ される」という表現の受動態があります。

基本的には

能動態　A（名詞）＋動詞＋B（名詞）

↕

受動態　B（名詞）＋ be 動詞＋動詞の過去分詞＋ by A（名詞）

で転換されます。では、例を見てみましょう。

（能動態）　She spoke to me.（彼女は私に話しかけた）
（受動態）　I was spoken to by her. (私は彼女に話しかけられた)

なお、上記を見て分かる通り能動態と受動態の転換をおこなうためには、能動態に目的語（B名詞）が必要ですから、目的語の無い文型「S＋V」と「S＋V＋C」には、態の転換はありません。

（２）受動態に転換する場合の注意点

Be 動詞は文の時制、また文の主語の人称・数により決まります。

（能動態）　Myteacher handed out the letters to my classmates.
（先生は私のクラスメイトに手紙を配りました）
（受動態）　The letters were handed out to my classmates by my teacher.
（先生によって手紙は私のクラスメイトに配られた）

（能動態）　The government announced an official storm alert.
（政府は暴風警報を発令しました）
（受動態）　An official storm alert was announced.
(暴風警報が発令されました。)

上のように by 以降はしばしば省略されるので、注意しましょう。

暑い日の登園

おはようございます。今日は蒸し暑いですね。

はい、すごく暑いですね。汗びっしょりです。

すでに、38度を超えたみたいですよ！

寝苦しい日が続いて、昨夜はひろしも何度も目を覚ましました。

これだけ暑いと夜もクーラーを付けたままにすることが多いので、体調 を崩しやすいですよね。

ひろし君は、夏風邪など引いていませんか？

有難うございます。大丈夫です。でも、食欲が落ちているように感じますね。

そうなのですか？それはちょっと心配ですね。

Vocabulary

蒸し暑い muggy

病気になる get sick

汗びっしょり all sweaty

風邪っぽい come down with cold

～度 degree

食欲 appetite

クーラー air conditioning

気にかかる worrisome

Going to School on a Hot Day

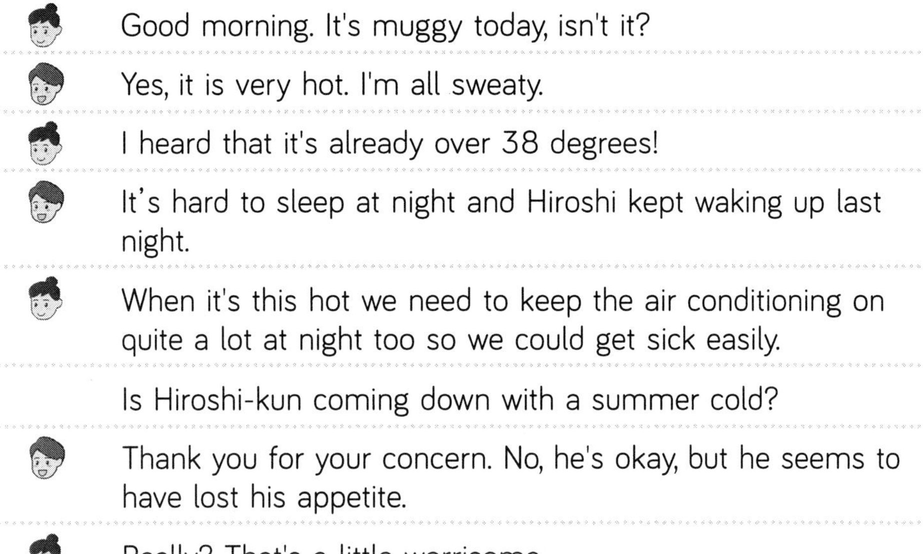

Good morning. It's muggy today, isn't it?

Yes, it is very hot. I'm all sweaty.

I heard that it's already over 38 degrees!

It's hard to sleep at night and Hiroshi kept waking up last night.

When it's this hot we need to keep the air conditioning on quite a lot at night too so we could get sick easily.

Is Hiroshi-kun coming down with a summer cold?

Thank you for your concern. No, he's okay, but he seems to have lost his appetite.

Really? That's a little worrisome.

Point 1　"I'm all sweaty."　（汗びっしょりです）

sweat を用いた表現として Don't sweat it! があります。直訳は「汗をかくなよ。」ですが、Don't worry! と同じ意味で使われます。

「大丈夫よ、くよくよしないで！心配しないで！」という表現で使われます

Point 2

already

already は、原則として肯定文で用いられ、「すでに、もう」と意味を表します。疑問文や否定文でこの意味を表すときには yet を使います。疑問文や否定文で already が用いられる場合は驚きなどを表し、疑問文では「もう、早くも」、否定文では「まさかもう」と訳されます。

暑い日の登園

おはようございます。すごく暑いね。

うん、汗びっしょりだよ。

ほんとね。タオルで、顔の汗をふいて、まずは、お水を飲んで。

汗をかくと体の中のお水がなくなっちゃうからね。

わかりました！先生、水筒が開けられないよ、固すぎるよ。

じゃあ、先生がフタを開けるのを手伝うね。

ありがとう！

ほんとうね、結構固く閉めてあるね。

園に持ってくる間に、中のお水がこぼれないように、ママがしっかりと閉めてくれたのね。

Vocabulary

汗びっしょりの sweaty　**水筒** a thermos

固い tight　**もれる** leak　**ふた** lid

Going to School on a Hot Day

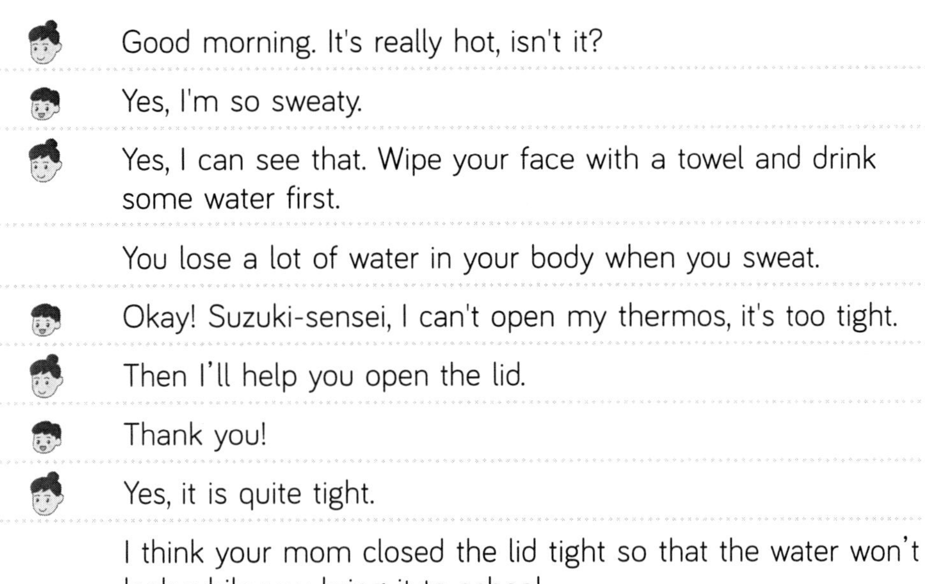

Good morning. It's really hot, isn't it?

Yes, I'm so sweaty.

Yes, I can see that. Wipe your face with a towel and drink some water first.

You lose a lot of water in your body when you sweat.

Okay! Suzuki-sensei, I can't open my thermos, it's too tight.

Then I'll help you open the lid.

Thank you!

Yes, it is quite tight.

I think your mom closed the lid tight so that the water won't leak while you bring it to school.

Point 1

tight（固い）

「固い」の表現を学びましょう

石などが硬い　hard	肉などが固い　tough	体が硬い stiff
きつい　tight	決心が固い　strong, firm	

Point2

"It's too tight."　（固すぎるよ。）
***ここでは、しっかりと水筒のフタが閉まりすぎていて固くて開かないの意味**

too は形容詞や副詞の前に置いて「〜 すぎる」と程度を示す語です。very（とても）は肯定的な意味なのに対し、too は許容範囲を超えてしまっていることを表しており、否定的な意味を含みます。

暑い日の園児の体調管理について

保護者の皆様へ

今週は38度を超える猛暑日が続きました。お子様の健康管理には、十分ご留意お願いします。

園では、園庭での活動時間を短縮し、直射日光をできるだけ避け、日陰での活動に心掛けています。是非ご家庭でも、こまめな水分補給、通気性のよい薄手の服装の着用、外出に際しての帽子の着用をお願いいたします。これら一つ一つの対策がお子様を熱中症から守ります。冷房のかけすぎや冷たい飲み物の飲みすぎは、体調を崩す原因となりますので、併せてご留意お願いします。

園長　山田　けいこ

Dear Parents,

With Summer in full swing, we are faced with over 38-degree temperatures and high humidity all week! Heat and humidity can become a serious health hazard, especially for children.

We try to help children stay safe and cool during the summer heat at our school. Therefore, we would like to shorten outdoor activities and avoid having children under direct sunlight as much as we can, by trying to keep activities in the shade.

We would also like to ask for your cooperation at home to make sure children are drinking water regularly, wearing loose and light-colored clothing, and hats when going outside.

These measures will help children avoid heat stroke. Please also avoid spending too much time in air-conditioned places or drinking too many cold drinks.

We appreciate your cooperation.

Principal, Keiko Yamada

文法　能動的な意味を表す受動態を使いこなしましょう

左のページの園だよりの文章です。

With summer in full swing, we are faced with over 38-degree temperatures and high humidity all week!

この文章は、「受動態」ですが、訳をしてみると、「私たちは、連日38度を超えるを超える猛暑日に直面されている」でなく、「・・・に直面している」という訳が適切なことが分かります。

このように、受動態がすべて「～される」と訳する場合とは限りません。「～する」といった能動的な意味を持つ重要な動詞があり、さらにその動詞の場合、動作主を表す前置詞とて、「by」以外の前置詞が使われることがあります。

重要な動詞と使われる前置詞の例は次の通りです。

感情を示す動詞

be surprised at ～	～に驚く
be ashamed of ～	～を恥ずかしく思う
be pleased with ～	～を嬉しく思う
be excited with ～	～に興奮する

被害を示す動詞

be hurt	～怪我をする
be taken ill	病気になる

この他の動詞

be drowned	溺れる

その他の重要な動詞

be absorbed in ～	～に熱中する

覚えておこう ②

本章に出てきた単語を用いたイディオムの紹介

call を用いたイディオム

(人を)呼び戻す、電話をかけなおす	call back
～を求める、要求する	call for ～
病欠の電話をする	call in sick
(約束などを)取り消す、中止する	call off ～
を要求する	call on ～
(人に)電話をかける	call up ～
(～を)大声で叫ぶ	call out ～

way を用いたイディオム

途中ずっと、はるばる	all the way
往復とも	both ways
自分の思い通りにやる	go one's own way
ある意味では	in a way
同じように、同様に	in the same way
～の邪魔になって	in the way of
(決して)～でない	no way
えらいわよ	way to go

第3章　屋内活動

Chapter 3　Indoor Activities

園での様々な活動は、園児の学びの機会となります。保護者は、園での様々な経験、体験を通して、日々成長している子どもの様子を先生との会話や、園からの報告を通して、成長を楽しみにしています。園での活動中の喜び、驚きなど、保護者と共有できる醍醐味を英語で表現していきましょう。

シーン1　鯉のぼりを作ろう
シーン2　紙芝居
シーン3　音楽の時間です
シーン4　楽器を練習しよう
シーン5　お絵描きをしよう
シーン6　折り紙を折ろう

鯉のぼりを作ろう

今日は、こどもの日にかざる鯉のぼりを作ったんですよ。

（ひろし君が手に持っている鯉のぼりを指しながら）

見てください、とっても上手にできているでしょ？

あら、ほんと！ひろし、こんなに上手に塗れるのね！

はい、ウロコの線からはみ出さないように、慎重に塗ったんですよ。

小さいときから塗り絵が大好きで、いとことよくやるんです。

いとこさんと仲が良くていいですね！

ありがたいことにひろしの面倒をよく見てくれるんで助かってるんですよ。

いとこさんは、確か・・・

はい、いとこはひろしの２歳上で、フォレガーデンを去年卒園したんです。

Vocabulary

鯉のぼり carp streamers

はみ出る go out of a line

こどもの日 Children's Day

ウロコ scale

芸術家 artist

ありがたいことに thankfully

～の面倒をみる take care of

～を卒業する graduate from ～

Making Carp Streamers

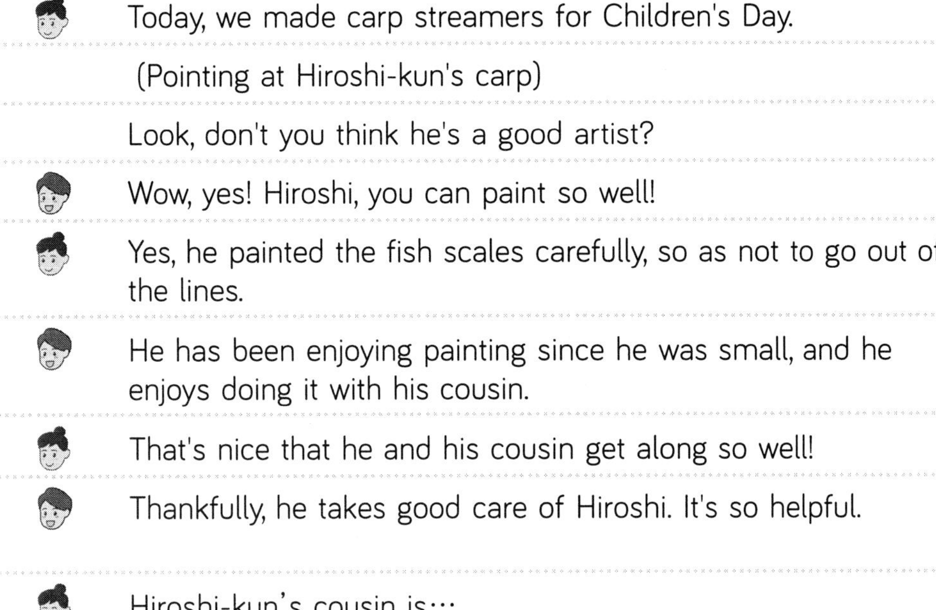

Today, we made carp streamers for Children's Day.

(Pointing at Hiroshi-kun's carp)

Look, don't you think he's a good artist?

Wow, yes! Hiroshi, you can paint so well!

Yes, he painted the fish scales carefully, so as not to go out of the lines.

He has been enjoying painting since he was small, and he enjoys doing it with his cousin.

That's nice that he and his cousin get along so well!

Thankfully, he takes good care of Hiroshi. It's so helpful.

Hiroshi-kun's cousin is…

Yes, he's two years older than Hiroshi and he graduated from Fore Garden last year.

Point 1 "not go out of the lines" （線をはみ出さないように）

主節の後ろに＜to＋動詞原形＞を付け加えて、「～ するために、～ するので」と目的や理由を表します。これを不定詞副詞的用法と言います。この文は「～ しないように」と否定の内容で、不定詞に否定の意味を加えるには to の前に not を置きます。

Point 2 "He's two years older than Hiroshi." （彼は、ひろしの2歳年上です。）

2つのものの差を表すには、形容詞や副詞の最後に er をつけるか、前に more を置いて比較級にします。比較級の前に数値を置くことでその差を具体的に表すことができます。He's 10cm taller than me. は、「彼は私より 10cm 背が高い。」の意味です。

鯉のぼりを作ろう

では、今日は工作から始めます。

5月5日は何の日か知っていますか？

こどもの日！

そうですね。こどもの日です！こどもの日には何をするか知っていますか？

鯉のぼりをかざる！

そうですね！では、今日は、鯉のぼりを作りましょう。

では、道具を準備しましょう。

まず、スモックを着て、クレヨンを机の上に出してください。

できたよ！

あら、ひろし君、スモックが後ろ前になっています。

着なおしてくれる？名前が書いてある方が前よ。

Vocabulary

後ろ前 on backwards

Making Carp Streamers

We'll start the day by doing art.

Do you know what's on May 5th?

It's Children's Day!

Good. Yes, it's Children's Day! Do you know what we do on this day?

Put up carp streamers!

You're right! Okay, let's make the streamers today.

Now, let's get things ready.

First, please put on your smock and put your crayons on your desk.

Done!

Oh, Hiroshi-kun, your smock is on backwards.

Can you put it on again? Your name should be on the front.

Point 1　"Your name should be on the front."　（名前が書いてある方が前よ。）

着替えにあたって、名前が書いてる方が前であることを伝え、「後ろ前にならないようにしてね」という場合は、Be sure that your name is on the front. と表現します。

一緒に覚えておきましょう。

裏返し　inside out　　上下逆さま　upside down

鯉のぼりを作ろう

いまから鯉のぼりの塗り絵を配ります。みんなに配り終わるまで静かに待ちましょう、いいかな？

自分の分を1枚とったら残りを後ろに回してください。みんな、1枚ずつ取りましたか。持っていない人はいませんか？

ない人は手をあげて先生に教えてください。

はい！ぼくありません。

わかりました。他に持っていない人はいますか？

ひろし君、ここに塗り絵を取りに来てくれますか？

さあ、では、鯉のぼりの作り方を説明します。

まず、クレヨンで塗ります。

はじめに、鯉のぼりの形の中を塗ります。大きな目とうろこがかいてありますね？そこを塗ります。好きな色でいいですよ。

色んな色を使っていいの？

もちろん、いいですよ。虹色の鯉も先生見てみたいな！

線からはみ出さないように注意して塗ってくださいね？

もしクレヨンで手が汚れたら、石けん水で洗いましょう。お友だちのお洋服やお顔にクレヨンをつけないように気をつけてね。

Vocabulary

塗り絵 coloring sheet

～を配布する pass out ～

残り the rest

近づく、やってくる come up

～を高く揚げる raise ～

どうぞ go ahead

Making Decorations for Children's Day

I'm going to pass out the carp streamer coloring sheets. Please wait quietly until I finish passing them out, okay?

Take one each then pass the rest along to the classmate sitting behind you. Did everyone get one? Who doesn't have one?

Please raise your hand and tell me if you don't have one.

Me! I don't have one.

Okay. Anyone else?

Hiroshi-kun, can you come up here and take a coloring sheet?

Okay. Now, let me explain how to make a carp streamer.

We're going to color them with crayons.

First, color in the shape of the carp. You see the big eyes and scales, right? Color in there any color you like.

Can I use different colors?

Of course. Yes, go ahead. I love to see a rainbow carp too!

Carefully color along the lines, okay?

If your fingers get dirty using the crayons, you can wash them with some soapy water later. Just be careful not to touch your friend's clothes or faces.

Point 1

園児の頑張って取り組んだこと、工夫、気持ち、上手くいかないことを観察して、園児に学んでほしい、気付いてほしいことを会話の中に入れてみましょう。

例：I see you've used many colors!（たくさんの色を使ったのね！）

I see ～を使うと、「ほんとだわ！」「わかるわ！」のような園児の気持ちを理解している感じが表現できるので、ぜひ使ってみましょう。

例：Look at the bright orange!（みて、この鮮やかなオレンジ色！）

Look at ～を使うことで、園児が作り出したものに関心をもたれていることが園児に伝わります。

こどもの日について連絡帳で紹介しましょう

(要約)
日本における「こどもの日」は古くからあり、お祝いのやり方も日本独特のものです。「こどもの日」のお祝いを英語で説明してみましょう。

こどもの日について

日本では、「端午の節句」である5月5日がこどもの日となっています。

日本では、こどもの日に、子どもの身を守るという願いを込めたよろいかぶとや武者人形を飾ったり、古来より縁起がよい出世魚とされる鯉に見立てたのぼり(鯉のぼり)を立てます。また縁起が良いとされる柏の葉でくるんだもち(柏餅)をたべて、子どもの成長と健康をお祝いします。

About Children's Day

In Japan, the celebration of Children's Day falls on the 5th of May.

During this traditional holiday the healthy growth of children is celebrated by putting out traditional decorations such as mushaningyou (dolls in warrior attire) and koi-nobori (carp streamers).

Children enjoy eating a special sweet called kashiwa-mochi (ricecakes wrapped in oak leaves) and celebrating the healthy growth of children.

文法 会話でよく使う間接疑問文を学びましょう

① Let me check if you did your assignment.（課題をやってきたかチェックさせて。）

② Do you know where Tom went?（トムがどこに行ったか知っていますか？）

いずれも会話として良く使う文章です。この文章を間接疑問文といいます。

普通の疑問文とはどこが違うでしょうか？下線部の部分が疑問文ですが、

独立しておらず、①では、Let me check ～ の、②では、Do you know ～？の～部分の名詞節として他の文章の一部に組み込まれています。

このように、疑問文が独立していないで、文の中の従属節となっているものを間接疑問文といいます。

そして、上記①及び②の例文でわかるように、会話で最頻出の表現の一つですから、英語で会話を行うため、とくに相手の英語を聞き取り且つ適切な返答をするためには、表現のルールを理解し、使いこなすことが必須です。

間接疑問文の基本的なルール（詳細なルールは別途学習が必要です）

① 疑問詞を含む疑問文の部分は「疑問詞＋平叙文」の語順とする。
　　Let me ask＋Where did Tom go?
　　⇒Let me ask where Tom went.

② 疑問詞をふくまない疑問文の場合は「if もしくは whether＋平叙文」の語順とする。口語では if が良く使われる。
　　Let me ask＋Did Tom go to school?
　　⇒Let me ask if Tom went to school.

③ 疑問詞を含む疑問文を取り込む主節が「do you think ～」等の場合は、疑問詞が文頭にでる 表現がある。
　　Do you think ～？＋Where did Tom go?
　　⇒Where do you think Tom went?

紙芝居

今日は、『カラフルカラス』の紙芝居を楽しんだんですよ。

そうですか？ひろしはそのお話大好きなんですよ、家でも何度もその絵本を見ているんです。

そうですか。それでとても熱心に聞いてくれてたんですね。

ご自宅でたくさん絵本を読んであげているのですか？

はい、私も子どもの本が大好きなので、彼が生まれた時から読んであげているんです。

そうでしたか。だからひろし君はたくさん絵本をとくに動物が主人公のものを読んでいるのですね。

そうですか？家でもそうなんですよ。将来は獣医さんになって、病気のクマさんやライオンさんを治してあげたいと言っています。

いいですね！きっとドリトル先生みたいな動物と話せる獣医さんになりますね！

Vocabulary

いつも all the time

そういうわけで that's why

主人公 main character

～を治す cure

Storytelling with Pictures

Today during our storytelling with pictures, we heard the story of the "Colorful Crow."

Really? Hiroshi loves that story. He looks at that story book all the time at home.

I see. That's why he was listening with so much interest.

Do you read to him a lot at home?

Yes, I also love reading children's books, so I've been reading to him since he was born.

I see. That's why he reads many books, especially when animals are the main character.

Oh really? He is like that at home too. He says he wants to be an animal doctor and cure sick bears and lions.

How nice! He'll be just like Dr. Doolittle—the animal doctor who can talk with animals!

Point 1 "Today we enjoyed storytelling with pictures." （今日は紙芝居を楽しんだんですよ。）

「楽しむ」と言うには have a good time という表現もありますが、enjoy とは少し意味が異なります。enjoy は、実際にやってみないと楽しいかどうかわからなかったが、結果として楽しかった場合によく使われ、have a good time は、最初から楽しいことが分かっている場合によく使われます。

紙芝居

では、お話の時間をはじめます。今日は紙芝居を見せますね。

みんな席について、先生の方を向いてくださいね。手は膝の上に置いてね。

今日のお話は、「カラフルカラス」というお話です。

カラスって知っていますね？

知ってる！大きくて黒い鳥で、少し怖い鳥。「カーカー」って鳴いて、ゴミ袋つついてる。

そうだねー、真っ黒くて、少し怖いかな？

ちょっと怖そうだから、森の中の鳥さんたちは、カラス君に近づかないの。だから、カラス君の近くに行かないから、カラス君は、いつも一人ぼっち。

でも、そんなカラス君と鳥さんたちがどうやってお友達になっていったか知りたいでしょう？

うん、聞きたい！

そう。では、紙芝居のはじまりはじまり。

どうだった？ひろし君、カラス君は嬉しそうだった？

うん、すごく嬉しそうだった！それで、すごくきれいな鳥さんになった！

そうだね。はじめはちょっと怖そうかもしれないけど、カラス君だって、森の中の大切な友だちですよね？

だから、みなさん、みんなもお互いに仲良くしようね。いいかな？

Vocabulary

怖い scary　**近くづく** come close　**〜をつつく** peck
ゴミ袋 garbage bag　**〜に変わる** turn into 〜

Storytelling with Pictures

It's story time. Today I would like to show you a story with some pictures.

Sit down everyone and face me. Put your hands in your lap.

Today's story is the "Colorful Crow."

You know what a crow is, right?

I know! A big black bird – it's a bit scary. It shouts, "Caw Caw" and always pecks at garbage bags.

Yes, they are black and maybe a little scary?

Because he looks a little scary, no birds want to come close to the crow in the forest. So, he is always alone.

Now then, don't you want to know how he start to make friends?

Yes, I want to hear about it!

Okay. Now, let's start our picture storytelling.

How did you like it? Did the crow look happy? What do you think Hiroshi-kun?

Yeah, he looked so happy! Also, he turned into a pretty bird!

Yes. The crow seems a little scary at first, but he is also an important friend in the forest, right?

Therefore, everyone, you all have to be friends to each other too. Okay?

Point 1 "You all have to be friends to each other." （みんなお互いに仲良くしないといけません。/みんなお互いに仲良くしようね。）

日本語にすると同じ訳になる表現として You have to be nice to each other. があります。この表現は、一度ケンカした後などに使える表現です。

動物の名前と鳴き声の表現

絵本や紙芝居に色々な動物が登場します。登場しやすい物の呼び名や鳴き声を学びしょう

(1) 親子の表現

犬	dog	子犬	puppy
猫	cat	子猫	kitten
牛	cattle	子牛	calf
ひつじ	sheep	子ひつじ	lamb
ぶた	pig	こぶた	piglet
小鳥	bird	ひな	chick
馬	horse	仔馬	colt

(2) 動物の名前

コアラ	koala	パンダ	panda
ライオン	lion	キリン	giraffe
ネズミ	mouse	カメ	turtle
白鳥	swan	カラス	crow
インコ	parakeet	ペンギン	penguin
ゾウ	elephant	すずめ	sparrow

(3) 動物の鳴き声

ワンワン	bow wow/woof woof
ニャーニャー	meow meow
モーモー	moo moo
メーメー	baa baa
ブーブー	oink oink
チュンチュン	tweet tweet
チューチュー	squeak-squeak
コケコッコ	cock-a-doodle-doo

文法 関係代名詞を学びましょう

(1) 関係代名詞は、名詞と節を結びつけて名詞を修飾する役割を持ちます。修飾される名詞を先行詞とよびます。会話によく使います

(例) He'll be a Dr. Doolittle. + Dr. Doolittle can talk with animals.
→He'll be a Dr. Doolittle who can talk with animals.

(2) 関係代名詞は「who」、「which」、「that」、「what」があり、先行する名詞によって使い分けがあり、また「代名詞」なので、I や we、he 等と同じように、主格、所有格、目的格があります。

先行詞	主格	所有格	目的格
人	who	whose	whom
物・動物	which of which	whose	which
人・物・動物	that		that
先行詞を含む	what		what

whom を用いる例

I spoke to the mother whom I met yesterday.
私は昨日会った母親に話しかけました。
(I spoke to the mother. + I met yesterday.)

whose を用いる例

I spoke with the boy whose bag was new.
私は新しいバッグを持った男の子とお話ししました。
(I spoke with the boy. + The boy's bag was new.)

what を用いる例

Kenta, tell me what you want.
健太、何が欲しいか言ってみなさい。
(Kenta, tell me ～＋ you want ～.)
この～部分が what に先行詞として含まれます。

また関係代名詞には「～，who」のように、カンマをつけて用いる非制限用法という用法があります。

声に出して、実際に紙芝居をやってみましょう

カラフルカラスの物語

1

黒いカラス君は、自分の体の色が嫌いでした。

2

だから、ほかの鳥さんたちに会わないように静かに隠れて、森の中で暮らしていました。

3

きれいな黄色のカナリアさんは、そんな黒いカラス君をかわいそうに思っていました。

4

ほかの鳥さんたちに相談しました。みんなも黒いカラス君を心配していました。

5

黒いカラス君の誕生日に、みんなの羽を一本ずつプレゼントすることにしました。

6

みんなから、いろんな羽をもらった黒いカラス君は、森で一番カラフルな鳥になりました。

声に出して、実際に紙芝居をやってみましょう

The Story of the Colorful Crow

1

A black crow didn't like the color of his feathers.

2

He lived quietly hiding in the forest so that no birds would see him around.

3

The pretty yellow canary felt sorry for the black crow.

4

She talked with the other birds about him. Everyone was worried about the black crow too.

5

Then, they decided to each give a colorful feather to the black crow on his birthday!

6

The black crow turned into one of the most colorful birds in the forest.

音楽の時間です

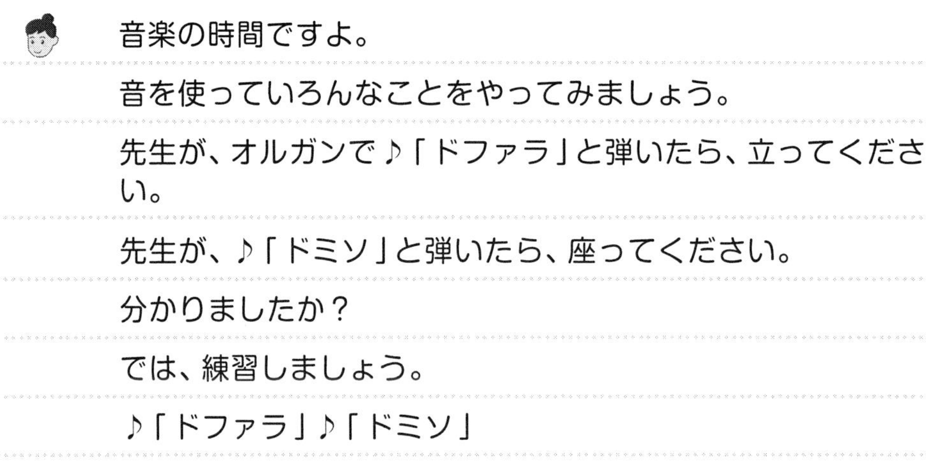

音楽の時間ですよ。

音を使っていろんなことをやってみましょう。

先生が、オルガンで♪「ドファラ」と弾いたら、立ってください。

先生が、♪「ドミソ」と弾いたら、座ってください。

分かりましたか？

では、練習しましょう。

♪「ドファラ」♪「ドミソ」

よくできました！

Vocabulary

電子オルガン electronic organ

Music Time

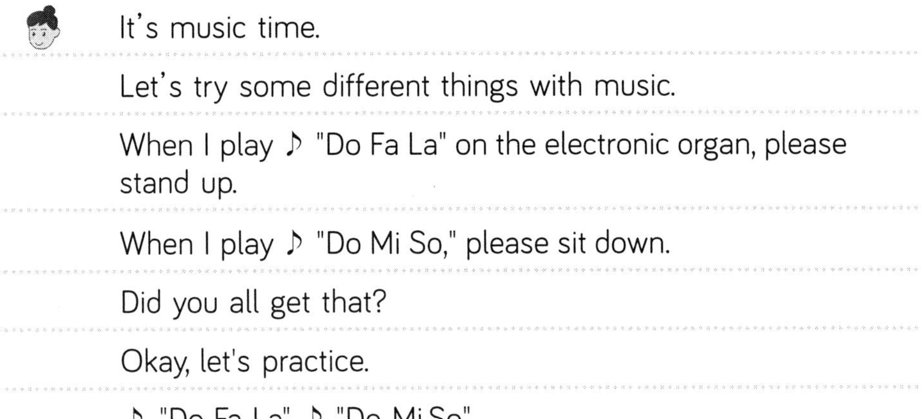

It's music time.

Let's try some different things with music.

When I play ♪ "Do Fa La" on the electronic organ, please stand up.

When I play ♪ "Do Mi So," please sit down.

Did you all get that?

Okay, let's practice.

♪ "Do Fa La" ♪ "Do Mi So"

Well done!

Point 1

動きについての単語を覚えましょう

立ち上がる stand up

ぐるぐる歩く walk around

飛び跳ねる jump/hop

手を叩く clap one's hands

座る sit down

止まる stop

手を上げる put one's hands up

体をぶらぶら揺らす shake one's body

リズムに乗ります

では、次に、この曲を先生が弾いたら、その場で足踏みをしてください。

♪曲「きらきら星」

そう、その調子よ。

では、きらきら星のリズムに合わせて、お部屋を行進しましょう。

歌を歌いながら、行進してみます。

では、まず、その場で足踏みして、先生が「はい」と言ったら行進しますよ。

そして、もう一度「はい」と言ったら行進をやめてまた足踏みします。

はい、きらきらひかる♪

はい、お空の星よ♪

よくできました。

では、自分の席に戻ってください。

Vocabulary

足踏みをする walk in place

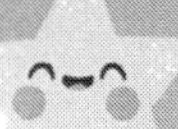

Following a Beat

Okay, next, when I play this song, please walk in place.

Twinkle, Twinkle Little Star ♪

Yes, doing well.

Okay, now let's march around the room to the rhythm of Twinkle, Twinkle Little Star.

Let’s sing the song and march.

Okay, first, just walk in place, then when I say “go”, start marching.

Then, when I say “go” again, stop marching and just walk in place again.

Go, Twinkle, Twinkle Little Star ♪

Go, How I wonder what you are ♪

Well done.

Now, go back to your seats, please.

Point 1

「きらきら星」 作詞　武鹿悦子	**Twinkle, Twinkle Little Star**
きらきらひかる	Twinkle, twinkle, little star!
お空の星よ	How I wonder what you are!
まばたきしては	Up, above the world, so high,
みんなを見てる	Like a diamond in the sky.
きらきらひかる	Twinkle, twinkle, little star!
お空の星よ	How I wonder what you are!

ダンスの練習

ひろし、どうしたの？今日はご機嫌で、踊ったりしているじゃない！

そうなんです。今日はみんなでダンスの練習をしたんですよ。

そうですか。うちの子ちゃんと踊れましたか？

はい、ひろし君は、リズム感がいいですよ。

そうですか！実は、私は大人にダンスを教えているんです。

そうなのですか？では次回、ぜひ子どもたちに教えにいらしてください！

いいですよ。喜んで。

Vocabulary

あれほどの such

リズム感が良い have a good rhythm

(ここでは主語が he なので三人称単数の has になっています)

機嫌が良い in a good mood

リズム rhythm

Dance Practice

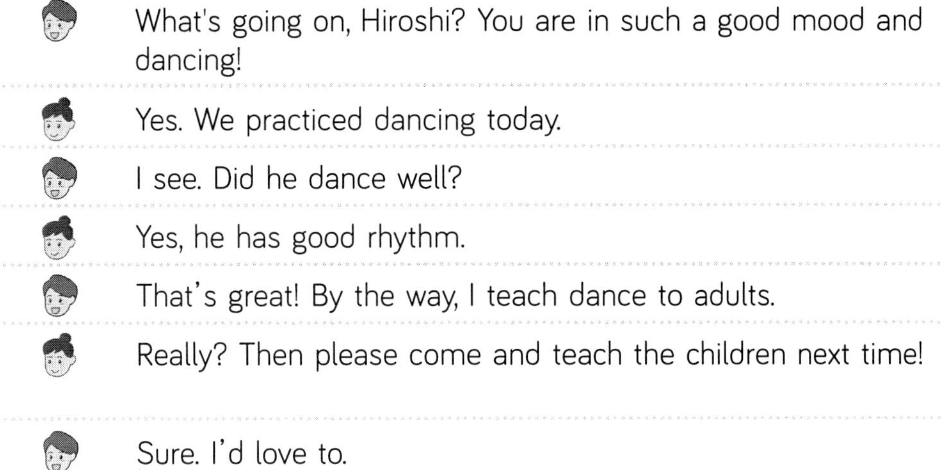

What's going on, Hiroshi? You are in such a good mood and dancing!

Yes. We practiced dancing today.

I see. Did he dance well?

Yes, he has good rhythm.

That's great! By the way, I teach dance to adults.

Really? Then please come and teach the children next time!

Sure. I'd love to.

Point 1 "What's going on, Hiroshi?" （ひろし、どうしたの？）

「どうしたの？」という表現には、場面によって色々な表現があります。

What's going on は物事が起きている途中で「どうしたの？」と聞く場合に、What happened? はすでに起きてしまったことについて尋ねるときに使います。

いずれの場合でも使える表現に、What is the matter? があります。

What is the matter? と What is the matter with you? の場合、with you だと、「何やってるの！」と怒りや悲しみを込めた強い口調になり得ます。

「どうしたの？」に関する他の表現も一緒に覚えましょう。

Is everything okay? は、「本当に大丈夫なの？」という不安や懸念の感じが含まれます。

Is there anything I can do? 「私にやれることがあったら言ってね」という感情が含まれます。

ダンスの練習

今日は、ダンスの練習をしましょう。

はい、みんな、机と椅子を壁側に押してくれますか？

それで、真ん中で円になってください。

今日は、何をするの？

音楽に合わせて体を動かしますよ。

音楽が始まったら、時計回りに歩きますよ、いいですか？

音楽を良く聞いてね。では、音楽に合わせて動いて、パンパン、右足から、左足から、パンパン。

はい、手を付けますよ。右足から踏み出すときは手を叩いて、左足のときは腕を上にあげてます。わかった？

えー、無理だよ、難しすぎる！できないよ！

大丈夫よ、誰もすぐにはできないからね。でも、すぐにできるようになるから。はい、せーの、タンタン！

ほら、ひろし君上手じゃない！才能あるわよ！

テレビに出てくるスターみたいよ！

Vocabulary

真ん中 middle

時計回り clockwise

足を踏み鳴らして歩く stomp

～付け加える add　～

手を叩く clap one's hands

とんでもない no way!

今すぐ right away

才能のある talented

Dance Practice

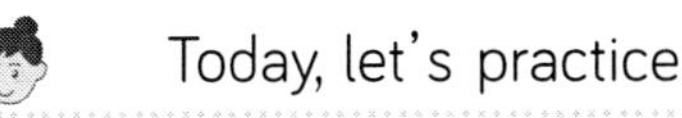

Today, let's practice dancing.

Okay, class. Can you push your desks and chairs to the wall?

Then make a circle in the middle of the room.

What are we going to do today?

We are going to move our bodies with music.

Once the music starts, we're going to walk clockwise, okay?

Listen to the music carefully. Okay, now move with the music, clap, clap, step with the right foot, then left foot, and clap, clap.

Now, we are going to add some hand movements. When you step with your right foot, clap your hands, when you step with your left foot, put your hands up. Okay?

No way! This is too difficult! I can't do this!

That's okay, no one can do it right away. You'll soon be able to do it, though. Ready, step, step!

See, you're good, Hiroshi-kun! You're talented!

You're like a TV star!

Point 1　"What are we going to do?"　（何をするの？）

この表現は、やることが良くわかっていないときに尋ねる表現です。

Point 2　"What's next?"　（次は何をするの？）

次のやるべきことがだいたい予想できていて、それをやりたくて仕方がない場合に使う表現です。

楽器を練習しよう

鍵盤付きハーモニカを出してください。

では、今日から鍵盤付きハーモニカを練習します。

まず、机の上に黒い方を左にして置いてください。黒い部分は演奏するときに空気を入れるところです。

それで、わかるように黒い鍵盤と白い鍵盤がありますね。高さが違いますね。

いまから、皆さんにシールを配りますから、左から5番目の白い鍵盤に、シールを貼ってください。

この鍵盤が、「ド」という音です。音階は、この「ド」という音から始まります。

そして、白い鍵盤は、順番に「ドレミファソラシド」と、音が、少しずつ高くなるようになっています。

黒板を見てください。「ドレミファソラシド」は、音が8個ありますね。

でも私たちは、5本しか指がありませんね。なので、残りの3個の音を出すのに指の本数が足りません。だから、同じ指をもう一度使わないといけませんね。

では、どのようにやるのか教えますね。黒板を見てください。鍵盤付きハーモニカの鍵盤を押しますね。

「ド、レ、ミ」こうやって、それで、親指で「ファ」と弾いて、で最後の「ド」は5番目の指で弾きます。

Vocabulary

～を置く place ~	**吹く** blow	**音階** scale
どうにかして somehow	**再び使う** reuse	**～を移動させる** shift

Musical Instruments

Okay, take out your melodicas.

Well, today, we are going to start practicing the melodica.

First off, place your melodica with the black part on the left. The black part is where you will be blowing in air as you play.

And, you see, there are black keys and white keys on the keyboard. Their height is different too.

I am going to give you a sticker and I want you to stick it on the fifth key from the left.

That's the key for the "C note." This is the basic starting point in music.

And then, we have "do, re, mi, fa, so, la, si, do" on the white keys. Notice that the sound becomes higher.

Look at the board, everyone. There are eight notes in the scale, right?

But, we only have five fingers. This means that we have to play three keys somehow without extra fingers. We need to move our hand and reuse fingers.

I'm going to teach you how to do this. Please look at the blackboard. I am going to press the keys on the melodica.

"do, re, mi" like this, and then, for "fa" you are going to shift your thumb, and then the last "do" will be pressed with your fifth finger.

Point 1

指の名前を覚えましょう。

親指 thumb

人差し指 index finger / first finger

中指 middle finger / second finger

薬指 ring finger / third finger

小指 little finger / pinkie

Pinkie は子供が使う言葉で、日本語の「赤ちゃん指」に当たります。指切りげんまんのことを pinkie promise といいます。

楽器を練習しよう

では、前回、歌ったキラキラ星を、ぜひ、鍵盤ハーモニカで、引けるようになりましょう。

前回歌ったキラキラ星の音階を、歌ってみましょう。

きらきらひかる　お空の星よ

まばたきしては　みんなを見てる

きらきらひかる　お空の星よ

では、先生が音階を歌いますから、皆さんは音階の鍵盤キーを押さえる練習しましょう。

押さえることができるようになりましたか？　では、実際に音を出してみましょうね。

まず、左手で、鍵盤ハーモニカを口のそばまで持ち上げて、目で見えるようにしてください。

先生を見てください。このような感じです。はい、やってみてください。

みんな、よくできてるわよ！！　そしたら、吹き口をくわえて、前歯で挟んで、口を閉じてください。

では、フッと息を吹き出してください。

息を吹きながら、鍵盤のドを押してください。はい、そうです。何回か繰り替えして、鍵盤ハーモニカの音を出してみてください。

先生、音が出ません。

ひろし君、空気が入ってないようよ。吹く時の口の形は、風船をふくらますような口の形で吹きます。もう一回やってみて！

Vocabulary

（人）に（もの）を思い出させる remind

柔らかく softly

前歯 front teeth

Musical Instruments

Last time, we sang Twinkle, Twinkle Little Star. Today in this class, we are going to practice it using the melodica.

Let's sing it first to remind us about the song.

Twinkle, twinkle little star!

How I wonder what you are!

Up above the world so high,

Like a diamond in the sky.

Twinkle, twinkle little star!

How I wonder what you are!

Next, I am going to sing, but you are going to practice pressing the keys on the melodica.

Are you all good now? Now we are going to actually make some sound with it.

First, use your left hand to hold the melodica and bring it near your mouth. It should be high enough so you can see the keys you are playing.

Look at how I'm doing it. It's like this. Now everyone try it.

You're all doing well! Now, put the mouthpiece into your mouth, softly bite it with your front teeth. You should also close your mouth around it.

Then, blow some air.

While you are blowing it, press the C key. Exactly, that's right guys! Practice a few times to make some sounds with your melodica.

Sensei, I can't make any sound.

Hiroshi-kun, I think you aren't blowing hard enough. You should blow as if you are blowing a balloon. Try it again!

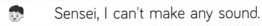

Point 1 "Press the key."（鍵盤を押す。）

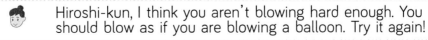

日本語の「押す」を意味する英語には、press、push、shoveがあります。Pushは「（もの）を押して移動させる」、pressは「（ボタンやキー）を押して操作する」、shoveは「力を込めてぐいっと押す」と、それぞれ意味が異なりますので注意しましょう。

お絵描きをしよう

お母さま、ひろし君の描いた絵をご覧になりました？

いいえ、まだです。ひろし、ママに絵を見せてくれる？

すごく楽しそうな絵だと思いませんか？

彼がボートに乗っていて、頭の上に大きなおひさまが描かれているところなんて、とてもいいと思います。

ほんと、そうですね！この前、家族で海水浴に行ったんです。それがよっぽど楽しかったんだわ。

そうみたいですよ。ひろし君、すごく集中して、夢中で描いてましたから。

妹がまだ小さいので、なかなか遠出できないので、今回、近場だったんですけど、そんなに印象的だったとは！

そうですね。まだ小さいお子様がいらっしゃるうちは、大変だと思います。

でも、ひろし君は優しい子だから、駄々をこねたりしないでしょ？

そうなんですよ。聞き分けが良くて、本当に助かってるんですよ。

Vocabulary

作品 artwork　**旅行** trip　**楽しそうな** joyful

聞き分けがよい easy　**駄々をこねる** being difficult

印象を与える make an impression　**海** ocean　**先日** the other day

夢中になって into ～　**集中する** concentrate

Drawing and Painting

Ono-san, did you see Hiroshi-kun's art work?

No, not yet. Can I see your picture, Hiroshi?

Don't you think his drawing looks joyful?

I love how he drew a big sun over him riding in a boat.

Yes, I can see that! We went to the ocean with our family. I think he must have had a lot of fun there.

Yes, I think so too. He was really concentrating into drawing while he was creating this picture.

His sister is still small, so we can't take him on long-distance trips. Instead, we went for just a short day out, and I didn't think it would make such an impression on him!

Yes, I understand. While you have a small child, it must be difficult.

That said, Hiroshi-kun is such a kind boy, and I imagine he isn't difficult.

Yes, you are right. It is a great help to me that Hiroshi is such an easy child.

Point 1 "I think he must have had so much fun there." （それがよっぽど楽しかったんだわ。）

＜must have 過去分詞＞で「～だったに違いない」と過去の出来事に対する推量を表します。また、fun は「楽しみ」という意味の不可算名詞で、so much fun や a lot of fun と言います。many fun は不適切ですので注意しましょう。

Point 2 "You are right." （その通りです。）

I hope が前につくと、「正しければいいと思うが、そうではない可能性を含んでいる」意味になります。

I hope you are right.（正しいといいんだけど、そうではないと思う、実際は違う。）

お絵描きをしよう

今から絵の具を使って絵を描きます。最近楽しかったことを絵にしましょうね。

なに描いてもいいの？

いいのよ、なんでも好きなものを描いてみて。

では、絵の具の準備をします。絵の具と筆とパレットと水入れが机の上にありますね？

まず、水入れに水を入れてください。お水の中に筆を入れて、筆をやわらかくしてください。

水いっぱい入れてきたよ！

いっぱい入れ過ぎて、水がこぼれているわよ。少し減らしてきてくれる？

注意してテーブルまでゆっくり運んで、いい？じゃないとあちこちにこぼれて、床が滑りやすくなってしまうからね。

Vocabulary

最近 recently

なんでも anything

～を柔らかくする soften ～

～を満たす fill up ～

～に入れる put in ～

～をこぼす spill ～

～を流す pour out ～

～をはね散らかす splash

あちこちに all over the place

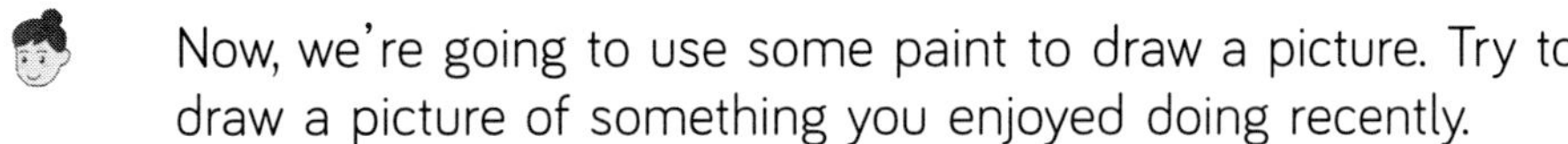

Drawing and Painting

Now, we're going to use some paint to draw a picture. Try to draw a picture of something you enjoyed doing recently.

Can I draw anything?

Yes, draw anything you like.

Okay, let's prepare the paint. You have your paint, brushes, palette, and a bucket on your desk, right?

First, put water in the paint bucket. Put the brush in the water to soften it.

My paint bucket is filled to the top!

Oh, you filled the water up too much, and you're spilling it. Can you pour out a little of your water?

Carry the bucket over to the table carefully, okay? Otherwise, you'll splash the water all over the place and the floor will get slippery.

Point 1

soften（柔らかくする）形容詞の動詞化

soft という形容詞の語尾に接尾辞 en を付けて動詞となった単語で、make soft と同じ意味を表します。

このように、もともと形容詞として使われているものに、接頭語辞をつけて動詞となることを「形容詞の動詞化」といいます。

他に、hard → harden（硬くする）、wide → widen（広げる、広がる）などがあります。

お絵描き動作のワードを覚えましょう

rub	こする	Gently rub with the flat side of the crayon.
tape	張り合わせる	Tape the pages together with a masking tape.
trace	写す	Trace the lids of the jars and make overlapping circles.
squeeze	ぎゅっとする	Squeeze the glue bottle.
stir	かきまぜる	Stir water and glue in a shallow tray.
pour	そそぐ	Pour warm water in a bowl.
knead	こねる	Knead the dough thoroughly.
dye	染める	Dye a T-shirt.
construct	組み立てる	Let's construct a castle.

文法 関係副詞を学びましょう ①

関係副詞は、英語の会話で最頻出の文法の一つです！関係代名詞と同様に名詞と節を結びつけて名詞を修飾する接続詞と副詞の両方の働きをする関係副詞があります。

(2) 関係副詞には when、where、why、how の4つがあります。
また、これらの代わりに that を使える場合もあります。

先行詞	関係副詞
day, year 等、時を表す名詞	when
場所を表す名詞	where
a reason または the reason	why
the way	how

① when

The day was sunny and very hot. ＋I visited Kids Fore Garden for the first time.
→The day when I visited Fore Garden Preschool for the first time was sunny and very hot.
(私が初めてフォレガーデン園を訪れた日は晴れていてとても暑かったです。)

② where

Are there any shops near here? ＋I can buy children's clothes in the shop.
→Are there any shops near here where I can buy children's clothes?
(この近くで子ども服を買う事のできるお店はありますか？)
注！) この文章での先行詞は「shop」です。

③ why

The reason was that he had a fever all day long. ＋
Tom couldn't come to Fore Garden Preschool.
→The reason (why) Tom couldn't come to Kids Fore Garden Preschool was that he had a fever all day long.
(トムがフォレガーデン園にくる事ができなかったのは、一日中熱が出ていたからです。)
注！) Why を用いる時は、the reason why と先行詞と関係詞を両方書くのではなくどちらかを省略する場合が多いです。

(次のシーンの文法に続いています)

風船をファンシーボールに変身させましょう

ステップ 1

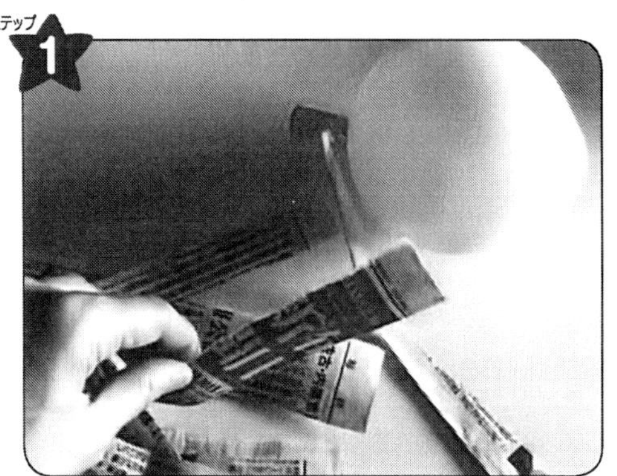

風船と新聞紙を準備してください。新聞紙を小さく、または細長くちぎります。

ステップ 2

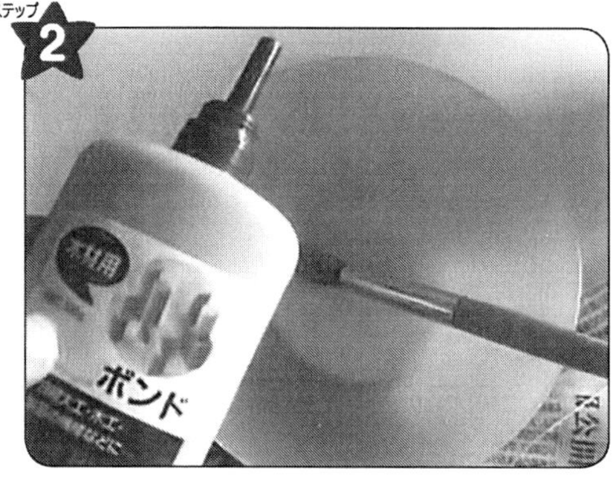

細くちぎった新聞紙をのりで風船に貼っていきましょう。風船が見えなくなるまで全体に貼りましょう。

ステップ 3

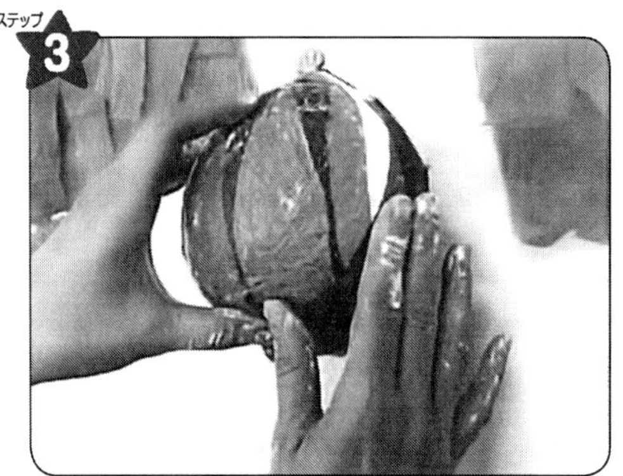

もう少しで完成です！準備したきれいな色薄紙を使って、繰り返しましょう。風船に貼った新聞紙が見えなくなるまで色薄紙で風船を覆うことを忘れずに！

ステップ 4

見て！素敵な風船ができました！のりが乾くまで待ちましょう。のりが乾くのを待って、お家に持って帰りましょう。

準備するもの　（ファンシー1個分）

① 新聞紙1/4枚
② 色薄紙 3,4色程度
③ のり
④ 入れ物
⑤ リボン
⑥ 風船（小さいサイズ）（レッスン前に前もって膨らませておく）
⑦ ぬれタオル
⑧ 筆
⑨ ラメ（オプション。粒が小さいので3歳以下のお子さまの使用は避けましょう）

ABC

Magic Balloon Activity - Let's Turn a Balloon into a Fancy Ball!

STEP 1

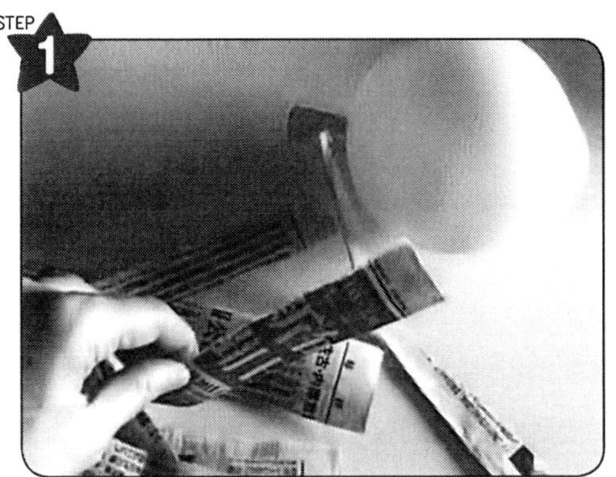

Get your balloon and newspaper ready. Tear the newspaper in small pieces or strips.

STEP 2

Glue the strips of paper onto the balloon. Be sure to cover the whole balloon.

STEP 3

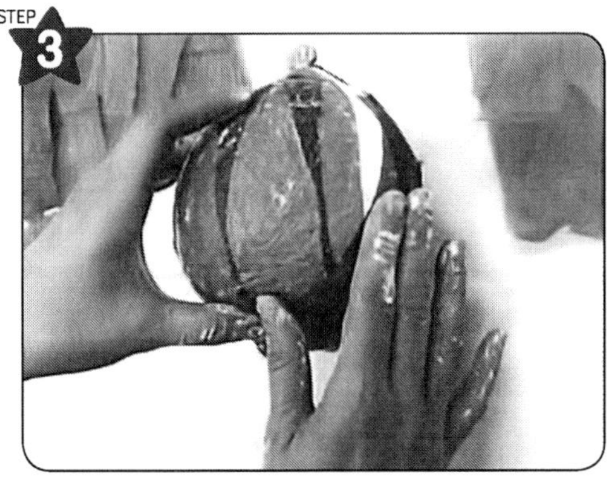

You are almost there! Now, repeat the step with the beautiful tissue paper. Remember to cover the whole surface of your balloon!

STEP 4

Look! Now, you have a fancy balloon! Let's leave it here for a while until it gets dry, then you can take it home.

Materials and Preparation:

① newspaper 1/4
② color tissue paper (3-4 colors)
③ tubes of glue (preferable liquid adhesive)
④ bowl
⑤ ribbon
⑥ balloons (small size, approx. 10cm) (Blow them up prior to the lesson)
⑦ wet towels
⑧ brushes
⑨ bottle of glitter (optional, however, not recommended if you are working with children under 3 years of age.)

BC

折り紙を折ろう

あら、ひろし、手に持っているのは、紙飛行機？

今日は折り紙をやったんです。

楽しそうですね。ひろしはちゃんとできましたか？

ひろしは手先を使うのがあまり得意ではないので。

あまり、折り紙をやったことがなかったようで、始めるまで少し時間がかかっていました。でも頑張ってやっていましたよ。

そうなんですか。折り紙をやってみる機会があってよかったです。

ひろし君は、積極的に自分でやろうという意識があっていつも頑張っていますよ。

きっと妹さんができてお兄ちゃんになったからでしょうね。

そうかもしれませんね。

家ではまだまだ甘えん坊なんですけどね！

Vocabulary

紙飛行機 paper plane　**時間がかかる** take a while　**きっと** maybe

～を得意とする be good at ～

やり始める get started　**活動** activity　**振る舞う** act

Folding Origami Paper

Hiroshi, is that a paper plane you have in your hand?

We did origami today.

That sounds fun. Did he do well with the activity?

He's not very good at using his fingers.

It seemed that he has not done origami much before, so it took a while for him to get started. But he tried really hard.

Oh that's good. I am glad that he had a chance to try it.

He has self-motivation and always tries hard.

Maybe, because now, he has a little sister and he's a big boy.

Yes, I think so.

But he still acts like a baby at home!

Point 1　"Maybe."　（そうかもしれません）

同じ意味を表す表現として他に It makes sense. があります。

この表現は「（言うことには）一理ある」「なるほど」と納得した気持ちを表すために使われます。

Point 2　"a while"　（しばらく）

while は「～ する間に」あるいは「～ なのに」の接続詞として使われる他に「少しの時間」を表す名詞としての働きもあり、long、short、little などの形容詞で修飾することができます。

all the time　その間中、ずっと

take a while　時間がかかる

折り紙を折ろう

これから、折り紙をやります。みんな、好きな色の折り紙を選んでね。

折り紙で紙飛行機を作ります。

折り紙って折り方がわからない。

大丈夫ですよ。先生の後について折れば、上手な飛行機ができるからね。

では、一緒に折っていきましょうね。

まず、色が付いた方が上になるようにして半分に折ります。

今折ったところを開くと、真ん中に線ができましたね？

では、紙の角を真ん中の線のところまで持っていきます。

小さな三角が出来たでしょ？そこを折って。

反対側の角も同じように折ってみてね。

ひろし君、よくできているわよ！

次はどうするの？

両方とも折れたら羽の部分をつくりますから、二つに折ってください。

出来ているか、見てみましょう。

Vocabulary

～にしたがう follow along with ～

色のついた colored

側 side

～を折る fold ～

半分に in half

中心 center

とがった端 pointy corner

Origami Craftwork

Today we're going to do origami. Everyone, choose your favorite color of origami paper.

We're going to make an origami paper plane.

I don't know how to fold origami paper.

That's okay. Just follow along with me and you can make a nice origami plane.

Now, let's try folding together.

First, keep the colored side of your paper up, and fold the paper in half.

Open it up where you folded and you'll see a line down the center, right?

Now, take one corner of the paper and bring the pointy corner to the center line.

Now, you can see a little triangle, right? Fold there.

Do the same with the other corner.

You're doing great, Hiroshi-kun!

What do I do next?

If you're done folding the two sides, then we'll make the wing part, so now fold the origami paper in half.

Let's see how you did.

Point 1　"Do the same with the other corner."　（反対側の角も同じように折ってみてね。）

same は、基本的に the とともに用いられます。形容詞（同じ、同一の）や副詞（同様に）としてだけではなく、「同一のもの（こと、人）」という意味の代名詞として使われます。また、same は、全く同一のものか、同じではないが種類・外観・分量などに違いがない場合に用いられるのに対し、equal は全く同一ではないが大きさ、量、程度等において等しい場合に用いられます。

折り紙の折り方を説明します

チョウチョウをつくりましょう！
Create a Butterfly with Origami Paper and Stickers!

STEP ステップ 1

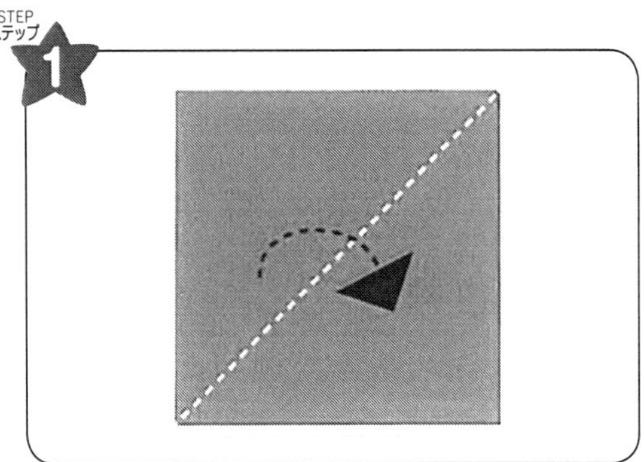

折り紙を半分に折ります。

Fold the origami paper in half.

STEP ステップ 2

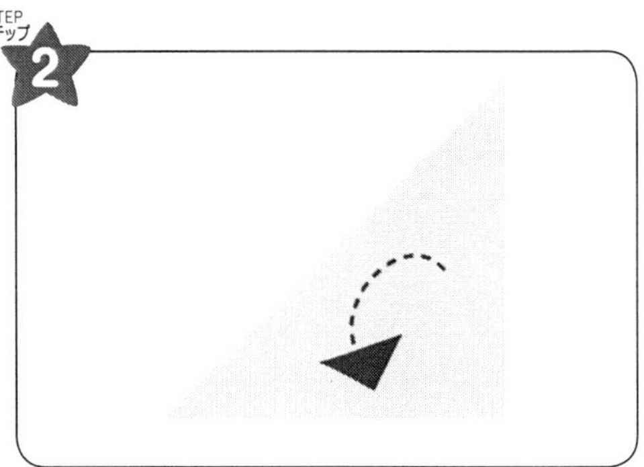

もう一度半分に折ります。

Repeat the first step.

STEP ステップ 3

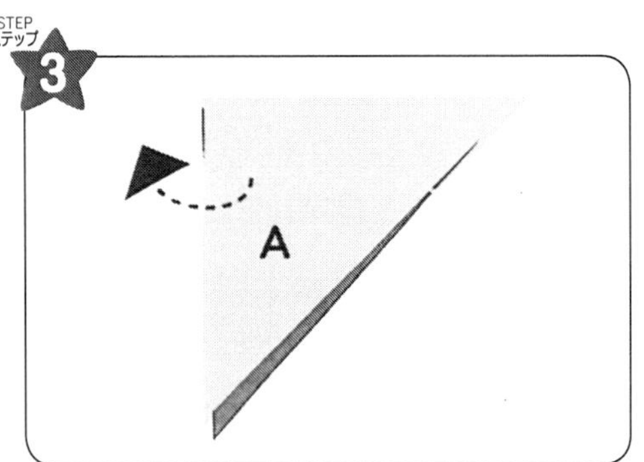

A部分を上に折りつばさを作ります。反対側も同じように折ります。

Fold the A part up to make the wing. Repeat on the opposite side with the same fold.

STEP ステップ 4

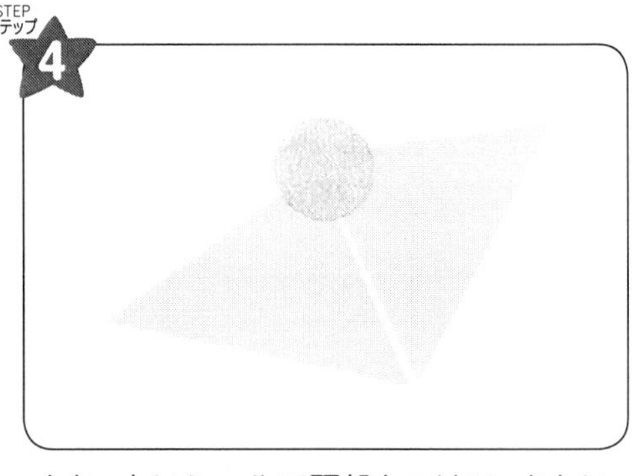

さあ、丸いシールで頭部をつけて、かわいく仕上げましょう。

Now, let's add a head and make it more pretty with the round stickers.

STEP ステップ 5

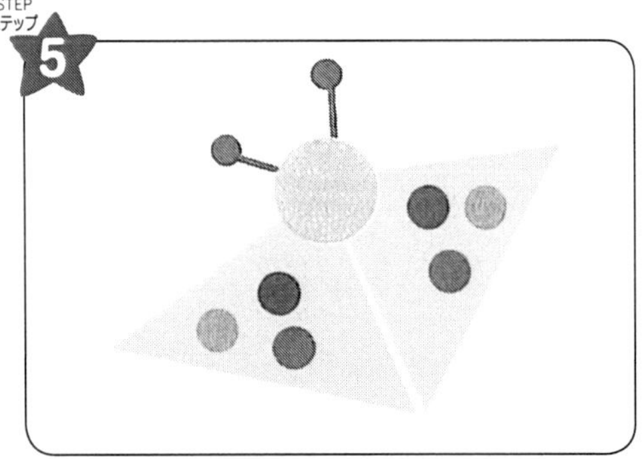

触角をのり付けします。これで出来上がりです！

Glue down the antenna. Look, you are done!

注意事項

3歳以下のお子様と作業をする際は、ハサミを使わず、触角の部分はあらかじめ切ったものを準備しましょう。

It is recommended to pre-cut the antenna strips to avoid using scissors if you are working with children under 3 years.

文法 関係副詞を学びましょう ②

① how

This is how you can make a picture book of “The Colorful Crow”
(このようにしてカラフルカラスの絵本を作るんです。)
注！)「how」を用いるときは、the way how と関係詞を両方書くのではなく、どちらかを省略して用います。

② that

when, where, why, how の代わりに用いられます。
went to a shop that has children’s clothes.

非制限用法における意味

when : するとその時（at that time）、そしてそれから（and then）

He was leaving the room, when the telephone rang.
彼が部屋を出ようとしたら、その時電話が鳴った。)

where : するとそこで（and there）

He went to the park, where he met his mother.
彼は公園に行った、するとそこで彼の母親にあった。)

先行詞の省略の場合の意味

先行詞が the time, the place, the reason 等のときは、これらの先行詞が省略されます。

when :「～ するとき」

Spring is when the garden is most beautiful.
(春は、庭が最も美しい時です。)

where : するところ

That’s just where you’re wrong.
(そこがちょうどあなたが間違えている点です。)

折り紙で飛行機を作ろう

ステップ 1

みんな、好きな色の折り紙を準備してね！

ステップ 2

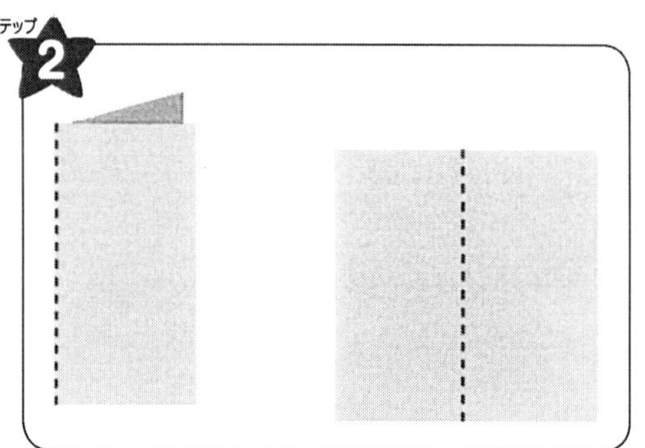

半分で折り、折り線を付けたらもう一度開きます。真ん中に線ができましたね。

ステップ 3

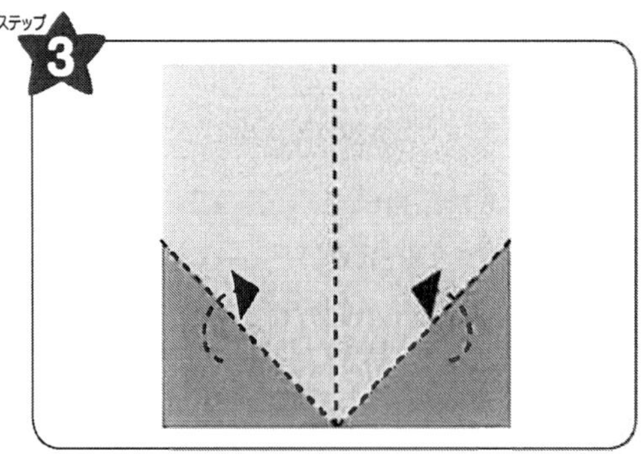

四隅の角を折れ線に向かって折ります。

ステップ 4

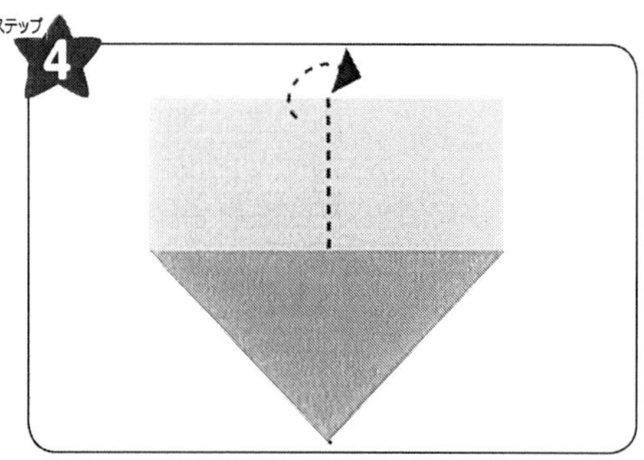

半分に折ります。

ステップ 5

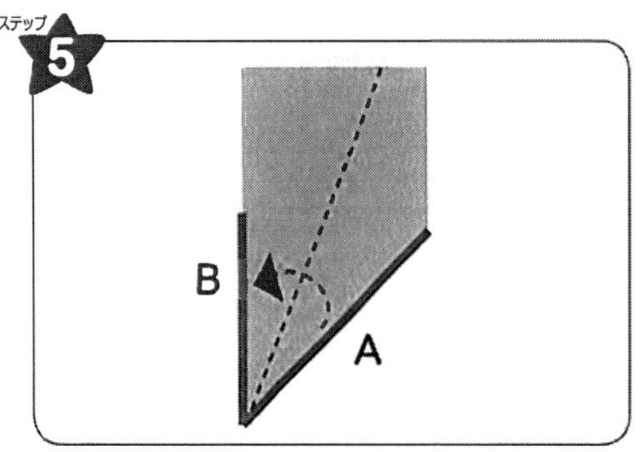

Aの部分をBに合うように折ります。

ステップ 6

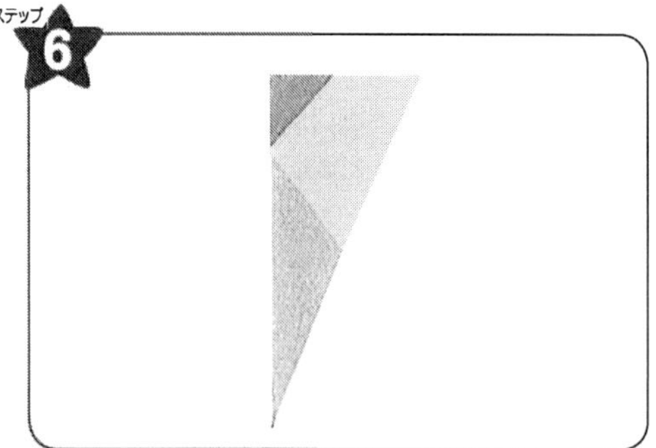

よくできました！

Let's Fold a Paper Plane with Origami Paper

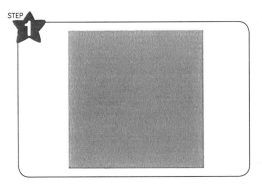

Everybody, get your origami paper ready, please!

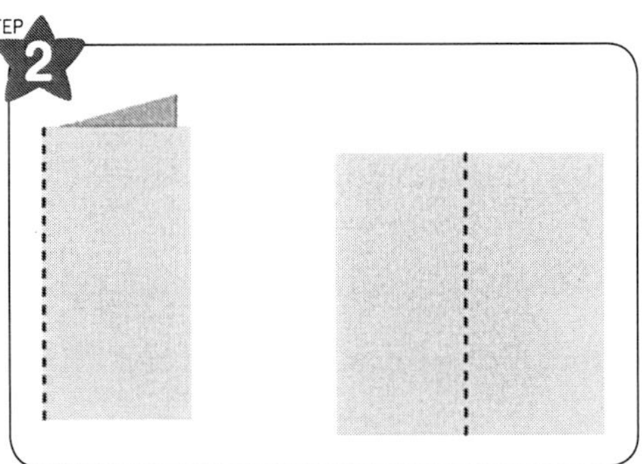

Fold it in half like this. Then, open it up. Now, you will see the center line here.

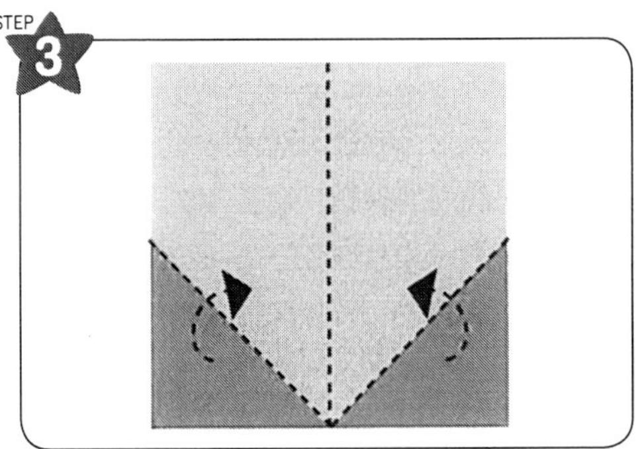

Let's fold the corners to the center line.

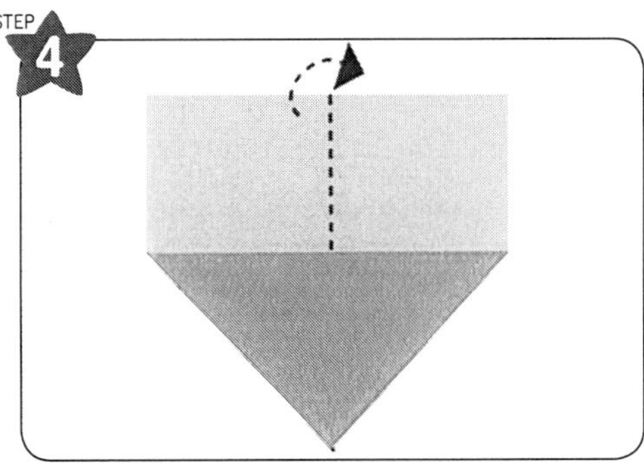

Fold it in half again.

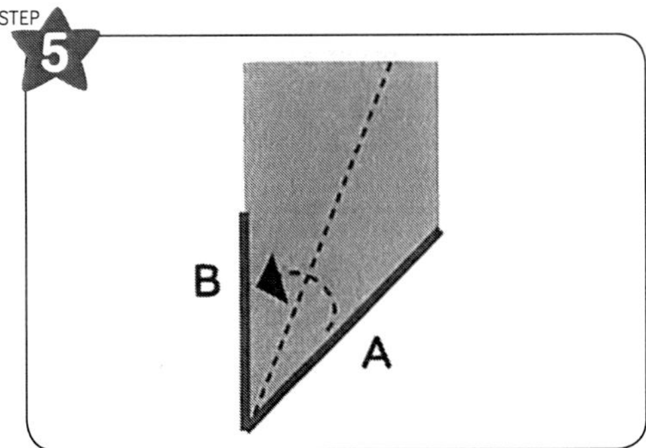

Fold the A part up to match the B part.

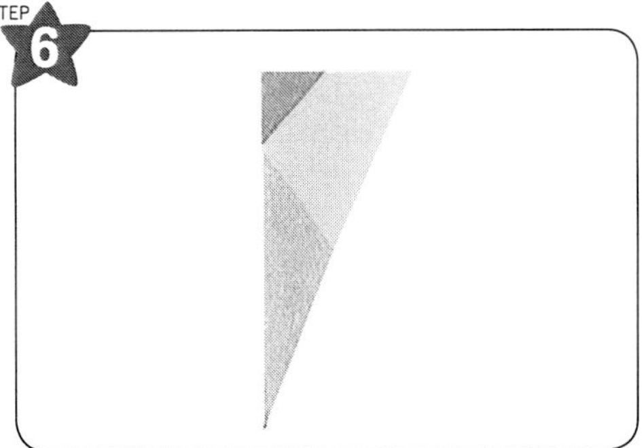

Wow, you did it. Great job!

覚えておこう ③

along を使った表現

こちらの方へ	along here
こちらへおいで	come along here
初めから、ずっと	all along
～と一緒に、同伴で	along with ～
仲良くやる	get along

色々な旅行の表現

旅行 （一般的な表現）	travel
長期の旅行	journey
短期の旅行（遠足）	trip/excursion
企画された旅行	tour

アートの材料や道具

チョーク	chalk	クッキングシート	wax paper
パステル	pastel	綿棒	cotton swab
マスキング	masking tape	テープ	tape
色々な紙	assorted paper	食紅	food dye
薄い紙	tissue	スポイト	ink blotter
イーゼル	easel	卵のカラ	eggshell
太いマジック	thick/fat point marker	フェルト	felt
ラメ	glitter	毛糸	yarn
カッティングボード	cutting board	型	template
紙やすり	sandpaper		

第４章　昼食とおやつ

Chapter 4　Lunch Time and Snack Time

園で食べるお昼ごはんやおやつの時間は、お友達との楽しい一時です。しかし、スプーンやお箸が上手に使えない園児や好き嫌いをする園児もいます。また、アレルギーや宗教上の理由で食べることのできない食材がある園児もいます。いつも、細心の注意を払いながら園児と一緒に楽しい時間を過ごしましょう。食べ物をこぼして洋服を汚してしまった際の保護者への報告や保護者との会話を英語で表現してみましょう。

シーン１　昼食の準備
シーン２　おかわりとお片付け
シーン３　おやつの時間

ABC

昼食の準備

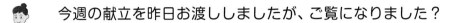

今週の献立を昨日お渡ししましたが、ご覧になりました？

はい、見ました。とても栄養バランスがとれていて、ありがたいです。

献立を考えるのも大変ですよね！

園児たちは給食が大好きで、いつも献立を楽しみにしてくれています。なので、園児たちに喜んでもらえるようメニューを作るようにしています。

園児たちが、嫌いな食材もあります。それらは、薄くスライスしたり、細かくしたりしています。こうすることで、園児たちはそういった食材を気づかぬうちに食べてしまえるので！

（献立には）カロリーまで記載してありますよ！

Vocabulary

献立 menu

～をありがたく思う appreciate

～を細かく刻む mince ～

大変な作業 a lot of work

～を楽しみにする look forward to

～を薄く切る ～ slice ～ into small pieces

バランスのとれた well-balanced

～に気がつく notice ～

～を算定する calculate ～

カロリー calorie

Getting Ready for Lunch

We handed out this week's lunch menu yesterday, did you see it?

Yes, I did. I appreciate that the lunch is very well balanced.

It must be a lot of work!

The children love the school lunch and always look forward to the menu, so we are trying to make a menu that makes children happy.

There are some types of food that kids don't like, so we slice or mince them. This way, the kids can eat these foods easily without noticing them!

I see you've calculated the calories too!

Point 1　"It must be a lot of work!"（大変ですね）保護者から理解ある言葉や激励の言葉をかけてもらうと、大変うれしいものです。

そういうときに、少し控えめに、「まだまだやらなければいけないことが山積みなんですよ。」とお応えすることも多いと思います。

返事例1: We still have a long way to go.（まだまだです。(道のりは遠いです)）

Point 2

調理についての単語を覚えましょう。

皮をむく　peel	薄く切る　slice	さいの目切りにする　dice
おろす　grate	茹でる　boil	蒸す　steam
油で炒める　fry / saute`	油で揚げる　deep-fry	かき混ぜる　stir

昼食の準備

食事にします。机の上を片づけて、手を洗ってきて。セッケンをつけて、よく洗ってね。

みんな席についたら、食事の前に一緒に「いただきます」と言いましょうね。

今日は、みんなの大好きなカレーライスです！

やった！

カレーを洋服の上にこぼさないように気を付けてね。

おかわりしたければ、自分のお皿を持って列にならんでね。

Vocabulary

～を片づける clean up

お代わりを欲しがる
want a second helping

石鹸で洗う use some soap

座る sit down

皿 plate

カレーライス curry rice

一列になって in line

Getting Ready for Lunch

It's lunch time. Clean up your desks and wash your hands. Use some soap, okay?

After everyone has come back to their seats we'll say "itadakimasu" together.

Today's lunch is everyone's favorite dish, curry rice!

Yay!

Please be careful not to spill the curry on your clothes.

If you'd like a second helping, bring your plate and wait in line.

Point 1　"We'll say itadakimasu together."　（一緒に「いただきます」と言いましょう。）

日本では、食前に「いただきます」、食後に「ごちそうさまでした」とみんなで食事のあいさつをします。欧米ではそのような習慣がほとんどないので、これらの言葉を意味する英語はありませんが、食前には Let's eat、食後には Are you finished?（食べ終わりましたか。）と先生が問いかけ、園児が I'm done. と答えることがあります。

Point 2　"If you'd like a second helping~"　（おかわりしたければ～）

help という単語は、動詞では「助ける」「役立つ」、名詞では「助け」の意味で使います。ここでは、「おかわり」を helping と言うことを覚えておきましょう。

helping は、（食べ物の）ひと盛り、一杯という単位を表す名詞です。

a second helping の他に、another helping も使います。

今日の献立を作ってみましょう

献立表

一日の献立	
朝のおやつ	ジュース　　　　　みかんの缶詰 （赤ちゃんのみ）
昼食	カレーライス （牛肉、玉ねぎ、ニンジン、ジャガイモ、米） サラダ （レタス、きゅうり、トマト , ピーマン）
午後のおやつ	ヨーグルト、プリン

Menu	
Morning snack	fruit juice, canned oranges (babies only)
Lunch	curry rice (beef, onions, carrot, potatoes, rice) salad (lettuce, cucumber, tomato, green pepper)
Afternoon snack	yogurt, custard pudding

文法 重要な「分詞」を使いこなしましょう①

動詞には、原形、現在形、過去形以外に「現在分詞」、「過去分詞」があります。
この分詞は、文章の中でいろいろな機能を果たします。

機能１　進行形と完了形を作る
機能２　受動態を作る
機能３　修飾する形容詞的役割で名詞を修飾する
機能４　形容詞として文章の補語（ｃ）となる
機能５　名詞そのものとなる（動名詞）
機能６　動詞と接続詞の働きを兼ねて、副詞句を導く（分詞構文）

本章では、機能３及び機能４を学習します。
分詞の活用については原則として
現在分詞「動詞の原形+ing」、過去分詞「動 詞の原 形+ed」がありますが、
不規則な変化をするものがあります。

（例：原形go　過去形went　過去分詞gone　現在分詞going)
不規則動詞の数は限られていますし、不規則動詞の活用は知らなければ、その動詞を使った表現もできませんし、相手の会話も理解できません。

機能３　形容詞的役割の分詞

分詞に続けて目的語等がある時は名詞の後ろ、それ以外は前について名詞を修飾します。These boys running around the ground belong to the Peach class.

（グラウンドを走り回っている男の子達は桃組のみんなです。)
走るという動詞「run」が現在分詞となり、「running around the ground」が、前の名詞「these boys」を修飾しています。

機能４　形容詞として文章の補語（C) となる

I heard Tom singing a song.（トムが歌を歌うのをききました。)
「知覚動詞 ＋ 目的語 ＋ 分詞」　目的語を分詞の主語として訳します。

同様に、使役動詞及び like, want, need の場合も、目的語が分詞の主語となります。

知覚動詞	feel, hear, listen to, look at, notice, observe, see, smell, watch
使役動詞	have, get, set, start, keep, leave

おかわりとお片づけ

今日はひろし君、全部お昼を食べたから、まだ、お腹いっぱい なんですよ！

あら、なんでそんなに食べたのでしょう？

今日のお昼はカレーライスだったんですけど、ひろし君、2回もおかわりしたんです。

あら、そうでしたか！ひろしはカレー大好きなんです。

園のカレーがとってもおいしかったんでしょうね。

きっと、お母さまが作るカレーがおいしいからですよ。

園のカレーは、園児の口に合わせて甘口に作っているんですよ。

ほんとに子どもって、カレーとハンバーグが大好きですよね。

ニンジン食べていましたか？家では食べないので。

たしかに、ニンジンは嫌いと言ってますけど、いつもお友達と一緒に頑張って食べてますよ！

Vocabulary

合う suit　　**おいしい** tasty

Second Helpings and Clean-up Time

Hiroshi-kun ate all his lunch today, so I think he's still full!

Why did he eat so much?

We had curry rice for lunch today and he asked for two helpings.

Wow, really! Hiroshi loves curry rice.

The school's curry must have been very delicious.

I think it's because your homemade curry must be tasty.

We make the school's curry much milder to suit the children's tastes.

Kids really love curry rice and hamburger steak, don't they?

Did he eat the carrots? He doesn't eat them at home.

Yes, he told me he doesn't like carrots, but he tries eating them with his friends!

Point 1 "He asked for two helpings."（2回もおかわりしたんですよ。）

「おかわりしたい人はどうぞ！」という場合は、Please have some more! と言います。

カレーは飽きがこない味だから、何度でも食べられるんですね。

「この味は飽きがこない味です。」は、I don't get tired of this taste! と言います。

おかわりとお片づけ

先生、モハメド君、お肉を残してるよ！

いいのよ。モハメド君は、嫌いで残しているんじゃないのよ。

お肉を食べてはいけないからなのよ。

食べ終わったら、お口の周りをティッシュでよくふいて、お皿とスプーンを片づけてね、いい？

まだ食べている人がいるから、教室を走り回らないでね。

食べ終わった人から、歯磨きをはじめてくださいね。

何度も言っているけど、ちゃんと磨かないと虫歯になりますよ。

Vocabulary

～するものとされている
be supposed to

何度も何度も over and over

Second Helpings and Clean-up Time

Suzuki-sensei, Mohamed-kun left his meat on his plate!

That's okay. Mohamed-kun didn't leave the meat on his plate because he doesn't like it.

He left his meat because he is not supposed to eat it.

After you finish eating, wipe your mouth clean with tissue paper and put your plate and spoon away, okay?

There are still classmates eating so don't run around in the classroom.

For those of you who have finished eating please start brushing your teeth.

I've been telling you this over and over, but if you don't brush your teeth well, you'll get cavities.

Point 1 "I've told you this over and over." （何度も言っているけど。）

この表現は、多少強い口調の表現で、何度言っても言うことを聞かない状況で使います。

優しく言う場合は、Remember? What I told you to do next?（覚えているかな？次に何をしてと言ったかな？）と表現できます。

Point 2 "He is not supposed to eat it." （彼は食べてはいけないことになっている。）

suppose は、「（知っていることから）推測する、思う、考える」や「（～と）仮定する、想定する」などといった意味を持ちます。

supposed という形になると「（～する、である）ことになっていて」や「（否定文で）（～する）ことが禁じられていて」という意味を持ちます。

食物アレルギー園児向け調理の注意メモを作成してみましょう

園児の様々な制限情報を日々の園の活動に反映していくことは、先生方が常に注意をはらっている項目です。給食室からくる翌日の昼食献立表を確認して、卵アレルギーのある園児の摂取制限情報の報告書を作成してみましょう。

給食室及び年次管理先生

入園時提出の健康調査票に、「軽度卵アレルギー」と明記されているけんた君の明日の昼食については、保護者の方に確認をしたところ、卵については黄身も白身もいずれアレルギーとのことでした。明日の昼食食材の卵の使用について、確認をお願いします。またけんた君用のサラダの上のゆで卵のスライスは添えないよう気を付けてください。サラダの園児用食器の上にラッピングをして、けんた君の名前の表記をお願いします。

うさぎ組　鈴木　よしこ

Dear Lunch Room Director,

Allergies and Other Health Concerns, based on Kenta's medical information form, he has mild egg allergy. We doubled checked with his parents about his allergy conditions and were informed that he has a whole egg allergy. Please be aware of the egg in tomorrow's lunch menu. Please make sure you eliminate the slice of boiled egg in the salad. Put a piece of plastic wrap on his salad bowl and indicate his name clearly.

Thank you,
Yoshiko Suzuki (Rabbit class)

文法 完了形を学びましょう

会話や文章の表現にあたって、「ある時」まで継続しているそれ以前からの動作の継続を表現するときに用いる時制を「完了形」といい、継続の最後の部分となる「ある時」を基準に、現在完了形、過去完了形、未来完了形に分かれます。

「完了形」や「時制」は、文章作成、読解だけでなく、会話を行う上でも非常に重要です。「完了形」や「完了進行形」による時制が分詞構文として会話に頻繁に使われます。

完了形は、時制に関わらず、①「動作の完了」(行ってきた動作が完了した事を示します)と ② 経験(ある時点までの経験の有無や回数を示す)③(動作の継続(ある時点まで動作が継続していることを示します)のいずれかの意味を表すために用います。

現在完了　have ＋動詞の過去分詞で表現します。
I have just finished lunch!
(ちょうど昼食を食べ終わりました！)　(動作の完了)
I have seen this doctor three times.
(このお医者さんに3回かかりました。)　(経験)

過去完了　had＋動詞の過去分詞で表現します。動作の終了時点も過去です。過去形では上の3つの意味のほかに実現できなかった願望を表します。
I had hoped to play baseball!
(野球をしていたかったのに！)　(願望)

未来完了　will have ＋動詞の過去分詞で表現します。動作の終了が未来です。
I will have finished lunch by the time you arrive!
(あなたが戻るころには、昼食を食べ終わっているはずです！)

ちらしずしをつくろう

調理方法

1.酢飯と具を準備します。

酢飯を作ります。

ご飯が炊きあがったら、飯台またはボールに入れ、少しずつ合わせ酢とご飯を混ぜていきます。このときしゃもじで、切るようにご飯を混ぜます。うちわなどで扇ぎ冷ましながら混ぜることでご飯がつやつやします。

椎茸を準備します。

さっと洗い、水に浸して10分ほどもどします。もどした椎茸の石づきを取り、鍋に入れます。水分がほとんどなくなるまで弱火で煮ます。そのまま冷まし、薄切りにします。

錦糸卵を準備します。

フライパンを火にかけ、弱めの中火にし、溶いた卵を流し入れて、焼きます。まな板などに広げて冷まし、卵を端からクルクルと巻いて、細切りにします。

材料 (要約)

お米　　4カップ

すし酢　　(市販のもの)

もしくは酢1/4カップ

糖小さじ2、塩小さじ1

干し椎茸　水2カップ

干し椎茸煮汁と醤油小さじ1、

砂糖小さじ1、みりん小さじ1

錦糸卵　　3個、砂糖

小さじ1/2

お好みでキュウリ1本 , 漬け

マグロ、かにかまぼこ

ごま　　少々

2. ご飯と具を混ぜます

準備しておいたすし飯に、いりごま、椎茸、カニかまぼこ、マグロを加えて混ぜ合わせます。混ぜ合わせたご飯を大皿に移し、錦糸卵、きゅうり、お好みでマグロのさしみなどを上にのせて彩りよく飾ります。ごまをかけましょう。

ABC

How to Make Chirashi Zushi

Directions

1. Preparing vinegar rice and other ingredients

Making Vinegared rice
Spread the hot, steamed rice on a large round wooden plate or bowl (handai). Sprinkle the vinegar mixture over the rice and mix/fold the rice using a special spatula called a shamoji. Cool with a large fan (uchiwa) or any piece of stiff cardboard to cool the rice and help it become shiny.

Preparing shiitakemu shrooms
Meanwhile, Wash the shiitake mushroom real quick, and soak in water for about ten minutes. Remove the stem of the shiitake mushrooms and put them in a pan. Simmer on low heat until the liquid is almost gone. Set aside to cool it down, and slice the head into strips.

Preparing Kinshi egg
Pour some of the beaten egg mixture into a pan and make a thin omelet (like a crepe) Make several sheets by rolling the cooked egg to the edge of the pan. Cut the omelet into thin strips

Ingredients:

*4 cups Japanese rice

*sushi vinegar (or mix 1/4 cup rice vinegar with 2 tsp. sugar and 1 tsp. salt)

*dried shiitake mushrooms (rehydrated in 2 cups of warm water)

*keep the water for cooking

*(1 tsp. soy sauce, 1 tsp. sugar, 1 tsp. of mirin)

*3 eggs and 1/2 tsp. sugar

*cucumber

*sashimi/sushi-grade tuna slices marinated in 2 tsp. soy sauce and a little bit of wasabi (if you would like) (*tsuke-maguro*), imitation crab, shredded kamaboko white sesame seeds

2. Spread the sushi rice on a large plate or in individual bowls.

Add roasted sesame, shiitake, crab meat kamaboko, and marinated tune in the rice and mix it.
Spread the sushi rice on a large plate and put kinshi egg, cucumber, sashimi such as tuna to decorate. Sprinkle roasted sesame on top as a garnish.

カレーライスを作ろう

材料

1.5 ポンドの牛肉 **塩と胡椒** **小麦粉** **大さじ1杯の植物油** **4分の1カップの熱湯+2カップの米** **大さじ1杯のカレー粉** **1個分の細切りとうがらし**

調理時間

2時間半

調理

小さな断片に牛肉をカットし塩とコショウで味付け小麦粉をまぶします。油を入れた厚手の鍋で牛肉を炒めます。鍋の中に熱湯を注ぎ沸騰させます。火を小さくし2時間煮込みます。ときどき蓋をあけて、必要に応じて水を注ぎます。カレー粉ととうがらしを追加し塩と胡椒味で味付けをします。

Beef Curry with Rice

Ingredients:

1 1/2 pounds beef
salt and pepper
flour
1 tablespoon vegetable oil
1/4 cups hot water
2 cups hot cooked rice
1 tablespoon of curry powder or more, to taste
1 tablespoon chopped pimiento

Cooking Time:
2 hours, 30 minutes

Preparation:
Cut beef into smaller pieces; roll in flour seasoned after seasoning with salt and pepper. Brown beef in a heavy saucepan with vegetable oil over medium heat. Add hot water and bring to a boil. Reduce heat, cover, and simmer for 2 hours. Check occasionally and add more water if necessary. Meanwhile, cook rice and add curry powder and chopped pimiento. Season with salt and pepper to taste.

おやつの時間

今日のおやつは、プリンだったんですよ。

それは子どもたち喜んだでしょう！

はい、とても喜んでくれました。ただ、まだ上手にスプーンを使えない子もいて、口に運ぶ際にスプーンからプリンがこぼれてしまうんですよ！

洋服が汚れてしまうんですよね！

はい、特にプラスチックの小さいスプーンは使うのが難しいですよね。

シミにならないように洗わないといけませんしね。

はい、そうなんです。だから、シミにならないように、こぼしたところを濡れタオルで拭き取るようにしています。

あと、連絡帳に、保護者の皆様にわかりやすいように洋服のどこにこぼしたか○印を書いて報告するようにしているんです。

有難うございます。そうしていただくと助かります。

でも、子どもは常に汚しますからどうしようもないですけれどね。

Vocabulary

プリン custard pudding
洋服を汚す make a mess on one's clothes
シミになる get stained
プラスチックのスプーン plastic spoon
連絡帳 a communication book
濡れタオル a wet cloth
かなり quite

Snack Time

 We had custard pudding for snack today.

 The kids must have loved it!

 Yes, they did, though some children are still having a hard time bringing their spoons up to their mouths—the pudding falls off of the spoon!

It makes quite a mess on their clothes!

 Yes, those small plastic spoons are especially difficult for them to use.

We need to wash their clothes so that they don't get stained.

 That's right. We try to wipe the spots clean where they spill with a wet cloth to prevent stains.

We also draw a picture of the stain in the communication book and circle where the kids spilled food on their clothes, so it's easy for parents to see.

 Thank you. That is very helpful for me.

That said, kids make a mess all the time and we can't do anything about it, really.

Point 1 "The pudding falls off of the spoon!" （スプーンからプリンがこぼれます。）

小さな園児は、時にはよそ見をして、食べることに集中できず、食べ物をこぼすこともあります。そんなときに、「ほら、みてごらん。またこぼしちゃったね」と注意することがあるでしょう。

このようなときは Now, look! といいます。Look! だけだと、単に「見て！」の意味ですが、Now が付くと、「ダメじゃないの！ほら、見なさい！」という表現になります。

おやつの時間

3時になりました。おやつの時間にしますよ。

さあ、みんな机を片付けて、手を洗ってきてください。

今日は、みんなの大好きなプリンですよ！

やったぁ！

食べ終わったら、お口の周りをティッシュでよく拭いて、お皿とスプーンを片付けてね。

洋服にこぼした子は、先生のところに来てください。

拭いてあげるからね。

プリンはどう？

おいしいよ！甘くて、口の中でとけちゃうよ。

おうちでは、ヨーグルトをよく食べるんだ。

ヨーグルトもおいしいよね？先生も大好きですよ。

Vocabulary

拭き取る wipe off…

～の所へ来る come up to ～

甘い sweet

とける melt

ヨーグルト yogurt

Snack Time

 It's three o'clock. Let's have snack time.

Everyone, clean your desk and wash your hands.

Today's snack is everyone's favorite, custard pudding!

 Yay!

 After you finish eating, wipe your mouth clean with a tissue and put your plate and spoon away.

Please come to me if you dropped any custard pudding on your clothes.

I'll wipe it off for you.

How's the pudding taste?

 It's yummy! It tastes so sweet and it melts in my mouth.

At home, I eat a lot of yogurt.

 Yogurt is tasty too, isn't it? I also love it.

Point 1

味覚の単語を覚えておきましょう。

甘い sweet　　辛い hot/spicy　　濃い strong/rich

しょっぱい salty　　酸っぱい sour　　苦い bitter　　薄い weak/mild

連絡帳に、ズボンにシミができた報告を作成してみましょう

小野様

おやつの時間に、ひろし君がプリンをズボンの上に、こぼしてしまいました。すぐに、濡れタオルで拭きましたが、量が多かったので完全には拭きとれず、シミになってしまいました。汚した場所は〇印でマークしています。シミが取れるといいのですが… よろしくお願いいたします。

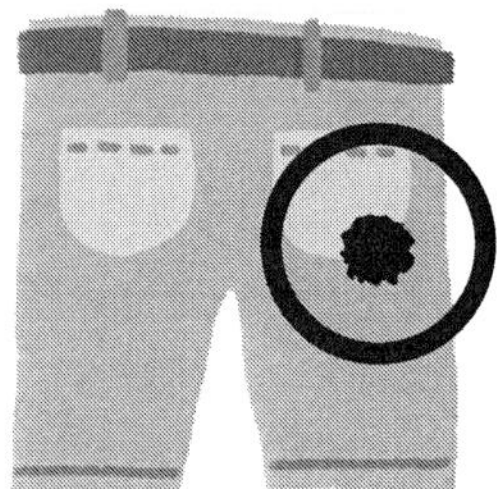

担任　鈴木

Dear Mrs. Ono,

Hiroshi-kun dropped some custard pudding on his pants during snack time today.

We tried to wipe the spot clean with a wet cloth where he spilled, but we couldn't wipe it all up and it got stained. We circled where Hiroshi-kun spilled the pudding. We hope the stain can be removed.

Best regards,
Suzuki

文法 時制の一致を理解しましょう

文章が二つ以上の節（節とは主語と述部があるものをいいます）からなっている場合、その文章の主節の時制に、従節の時制が影響することを時制の一致といいます。

時制の一致は、文章を作成する上でとても重要です。報告書の作成やお手紙の作成など保護者とのご連絡の多くは書面によることが多いのでしっかり学習しましょう。

時制の一致とは、例えば、従節が「you are busy」の場合、主節が「I know ～」ならそのまま「you are busy」ですが、主節が「I knew ～」（過去形）なら、「you are busy」⇒「you were busy」に変更しなければならないというルールです。

（1）時制の一致の基本

主節の時制が過去または過去以前の場合、従節となる文章の時制は主節の時制と同じかそれより以前を表す時制にするということです。

主節の時制が現在、現在完了、未来の場合は、従節の時制は原則として気にする必要ありません。

主節の時制		従節の時制
過去	⇒	過去、過去完了
過去完了	⇒	過去完了

例）主節が現在

I want to meet the boy again who went to another school last year.
（私は去年転校してしまった男の子に会いたい。）
主節が過去になった場合、

⇒I wanted to meet the boy again who had gone to another school last year.
（私は去年転校してしまった男の子に会いたかった。）

（2）時制一致の例外

主節の時制が過去または過去完了でも、従節の時制が一致しないでよい場合があります。

① 不変の真理や社会通念を表すとき
He would often say, time is money.（彼は、時は金なりとよく言っていた。）

② 現在の状態・習慣・特性・職業を表すとき
He asked me what my father does.（彼は、私に父の仕事を聞いた。）

③ 歴史上の事実や過去の出来事であることがはっきりしているとき

覚えておこう ④

食べ物の名前を覚えましょう

ハンバーグ	hamburger steak
親子どんぶり	chicken and egg on rice
ビーフシチュー	beef stew
クリームシチュー	cream stew
スパゲッティミートソース	spaghetti with meat sauce
味噌汁	miso soup
コーンスープ	corn soup
フルーツゼリー	fruit jelly
カボチャのケーキ	pumpkin cake
ホットケーキ	pancake
ベーコン	bacon
グリーンピース	green peas
牛乳	milk
豚肉	pork
キャベツ	cabbage
わかめ	wakame seaweed
豆腐	tofu
バター	butter

第5章　屋外活動

Chapter 5　Outdoor Activities

元気に屋外で走りまわる園児たち。最初は、思い思いに好きなように遊んでいた園児たちも、成長する段階で次第に目標を持って遊ぶようになり、運動活動も活発になります。それに合わせて、園児と話す会話も複雑になり、保護者の方へ説明をする機会も増えてきます。

シーン1　オニごっこ

シーン2　体育の基本を学習します

シーン3　準備体操

シーン4　縄跳び

オニごっこ

小野さん、今日ひろし君のズボンが泥で汚れてしまいました。すみません。

いいえ、でもどうしたのですか？

オニごっこをやっていて、お友だちを追いかけていたら、二人ともころんでしまったんです。

あら、そうですか。ズボンが汚れたのは気にしないでください。

お友だちにケガはなかったんですか？

はい、大丈夫でした。

それなら良かったです。子どもたちは、最近活発になってきていますからね、ケガをしないように注意しないといけませんよね。

Vocabulary

泥で汚れる get muddy

二人とも both

～を追いかける chase ～

転ぶ fall down

Playing Tag

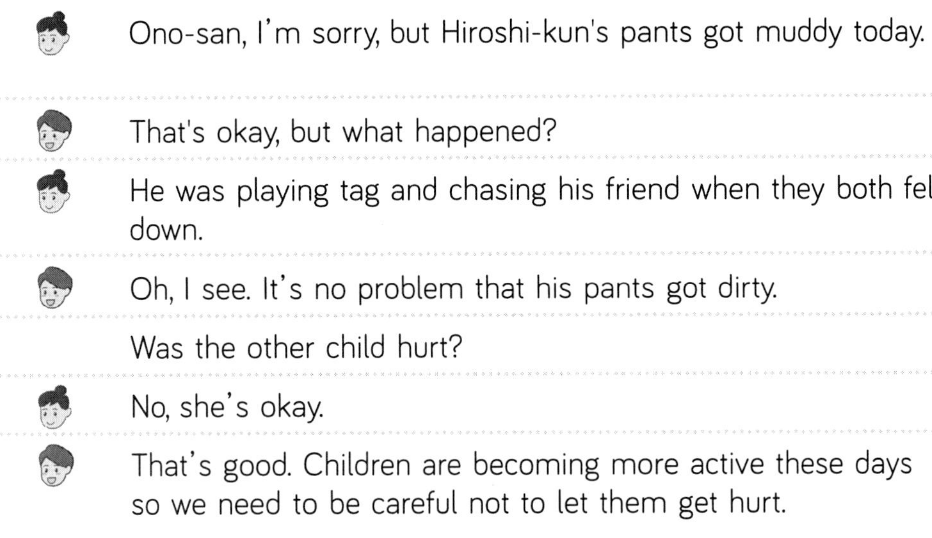

Ono-san, I'm sorry, but Hiroshi-kun's pants got muddy today.

That's okay, but what happened?

He was playing tag and chasing his friend when they both fell down.

Oh, I see. It's no problem that his pants got dirty.

Was the other child hurt?

No, she's okay.

That's good. Children are becoming more active these days so we need to be careful not to let them get hurt.

Point 1 "Oh, I see." （あら、そうですか。）

同じように「分かります」の意味を持つ表現に Oh, I know that. があります。

Oh, I know that. は、「もちろん、知ってるわ」という意味なので、この会話には適しません。

オニごっこ

皆さん集まってください。オニごっこをしましょう。

まずは、オニを決めましょうね。お友だちと二人組になってジャンケンをしてくださいね？負けた人がオニですよ？

ではいいですか？ジャンケンポン、アイコデショ！

あれ、負けちゃた。僕はグーでたえちゃんはパーだった！

では、オニでない人は逃げてください。オニの人は10数えてね。

さあ、みんな走って！オニがつかまえにきますよ！

はい、はじめ！

ひろしくん、足が速いね！

たえちゃん早く逃げないと、オニにつかまっちゃうわよ！逃げて、逃げて！

たえちゃんをつかまえたよ！でも、ズボンが汚れちゃったよ！

あらあら、大丈夫？二人とも、ケガしなかった？ぶつかっちゃったの？

ごめんねって謝った？

うん。「ごめんね。」って言ったら、たえちゃん、「うん、いいよ。」って言ってくれた。

二人とも気を付けてね。

ではそろそろ、お部屋に戻りますよ。

服に付いたホコリを払ってね。手洗いとうがいも忘れないでください。

Vocabulary

二人組で in pairs

広がって逃げる spread out and run

汚れる get dirty

けがをする get hurt

～ほこりを払う dust off ～

～にぶつかる bump into ～

10まで数える count to 10

～を捕まえる catch ～

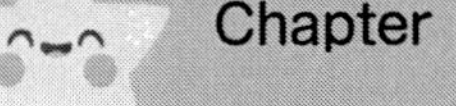

Playing Tag

Come here everyone. Let's play tag.

Let's first decide who will be IT. Can you do rock-paper-scissors in pairs? If you lose, you're IT, okay?

Now, ready? Rock-paper-scissors, go!

Oh man, I lost. I was rock and Tae-chan was paper!

Okay, so for those who are not IT, spread out and run! IT counts to 10.

Now, everybody run or IT will come and catch you!

Ready, go!

Hiroshi-kun, you run so fast!

Tae-chan, if you don't run fast, the IT will catch you! Go, go!

I caught Tae-chan! But my pants got all dirty!

Oh, are you okay? Both of you didn't get hurt, right? Did you bump into each other?

Did you say sorry?

Yea, I said "sorry." Tae-chan said "it's okay."

Good. Now both of you please be careful.

Now, we're going to go back to the classroom.

Dust off your clothes. Don't forget to wash your hands and gargle too.

Point 1　"Let's dust off your clothes."　（服に付いたホコリを払いましょう。）

これは、ホコリや砂など、乾燥した状態でついたものを払って落とすという表現です。

オニごっこのルールを説明しましょう

オニごっこ

参加するみんなで、じゃんけんをしてオニを決めます。他の人は、オニが数を数えている間に、オニから遠く離れます。

オニは、逃げるみんなを追いかけて、背中や手にタッチして捕まえたら、その人もオニの一人となり、手を握って一緒にみんなを追いかけます。

オニの数が4人以上の複数になると、2人ずつの単位で分かれてオニが増えていき、逃げた人みんながオニの仲間になったら、初めからやり直して遊びます。

Tag

First we decide the IT by rock-paper-scissors. While the IT is counting, the rest of the children spread out and run further from the IT.

The IT chases and tries to catch the other children. When an IT touches a person's back or hands then that person becomes an IT too. Then, the two hold their hands, start chasing, and try to catch everyone else.

Once there are four or more ITs, they then split into pairs and gradually number of ITs increases. The game starts again when all children became an IT.

缶けりのルールを説明しましょう

缶けり

缶けりは、かくれんぼに似ています。ただ、隠れている人は、オニにつかまる前に缶をけらなくてはいけません。

最初のオニを決めて、それ以外の人のうちの誰か一人が、缶をけって、オニが缶を取りに行っている間に、かくれます。オニはかくれた人を探し出して、見つけた人より早く缶のそばに行き、缶にタッチするとオニの勝ちとなり、見つかった人はとらわれます。尚、オニは、缶にタッチする際、「きーまった！」と声を出します。

オニが缶のそばを離れた場合、逃げている他の人は缶をけることができ、この場合とらわれた人たちも一緒に逃げることができます .

Kick the Can

This game is similar to hide and seek, but the children who are hiding have to try to "kick the can" before getting caught.

First, the children choose an IT. Then, one of the children kicks the can. While IT tries to get the kicked can and put it back to where it was in the beginning, the rest of the children run and hide. Then the IT starts searching for the children who are hiding. Once the IT finds a child then the IT needs to run to the can, touch the can, and say “I got it” to win. Then, the child who was caught becomes a captive and will need to stay in the prisoner zone.

The rest of children still hiding try to race back to kick the can. Then, whoever has been captured can be rescued and is free to run away and hide again.

かくれんぼのルールを説明しましょう

かくれんぼ

参加するみんなで、ジャンケンをして、オニをきめて、他の人はオニが後ろを向いて10を数えている間にかくれます。

オニは目をつぶって数を数えます。

数え終わったら、後ろを向いたままで「もういいかい？」と声をかけます。

隠れている人たちが、「まーだだよ」と返事をしたら、オニはそのまま待ちます。かくれている人たちが、「もういいよ」と返事をしたら、オニは振り返って、かくれていそうな場所を探してみつけます。

かくれている全員が見つかったら、オニを交代して続けて遊びます。

Hide-and-Seek

This game involves one child who is chosen to find the other children who hide in secret places.

First do rock-paper-scissors and choose an IT. While the IT is counting back from 10 facing backwards, the rest of children try to hide in secret places. The IT is supposed to count by closing his or her eyes.

After finish counting, the IT calls out mouiikai, or “Ready or not, here I come!” The children who are hiding may answer back maadadayo, or “Not yet!”, at which point the IT needs to wait.

Then the children yell out mouiiyo, or “Come and get us!” The IT then turns around and begins searching for the children who are hiding.

After the IT has successfully found all the children who are hiding, a new IT is chosen and the next round of the game starts.

文法 進行形を使いこなしましょう

進行形は、基本的には進行中の動作や出来事を表現し、「be＋動詞の現在分詞(ing)」の形で表します。進行形は、夫々の時制に合わせて、現在進行形、過去進行形、未来進行形及び各完了形の進行形があります。進行形は、会話でおいて最頻出の表現の一つですので、十分な学習が必要です。それは下記の通り、単に～しているという意味ではなく、時制と大きな用法上の違いがあるからです。

現在時制と現在進行形の違い

① 現在時制：現在の一般的な事実・習慣

現在進行形：現時点の一時的な現象・活動

He sleeps eight hours a day.（彼は1日8時間寝ます。）

He is sleeping now.（彼は今眠っています。）

② 現在時制：積極的な意思のない行為

現在進行形：意図的な行為

How far does my voice reach?（私の声はどれくらいまで届きますか？）

The old gentleman is approaching his grandson's house.
（おじいさんは、もうすぐ孫の家に到着します。）

③ 現在時制：現在の習慣

現在進行形：確定的な未来

I dine out every Saturday.（毎週土曜日は夕食を外で食べる。）
I'm dining out this evening.（今夜は外で食事だ。）

体育の基本を学習します

今日はなぜか、みんな姿勢よく歩いている気がしませんか？

はい。今日はじめて、クラスみんなで、整列と体育すわりを練習したんですよ。

子どもたちもだいぶ成長してきましたら、これからは、ただ外で遊ぶことから、運動や集団行動の要素を少しずつとり入れるようにしていく予定です。

そうなんですね。だから背筋がピンとのびてるんですね。

はい、子どもたちもすごくまじめにやらなければならないと感じてくれたようで、みんな真剣にやってくれたんですよ。

なにか、子どもたちの成長を実感しますね。

はい、私も嬉しく思います。こうして、秋の運動会では、みんなでしっかり行進したり演技ができたりするようになっていきます。

本当に楽しみにしています！

Vocabulary

整列する line up

体育すわり ‘gymnastic-style’ sitting

～を取り入れる implement

要素 element

運動、動き movement

行進する march

きちんと properly

演技 performance

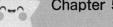

The Basics of P.E.

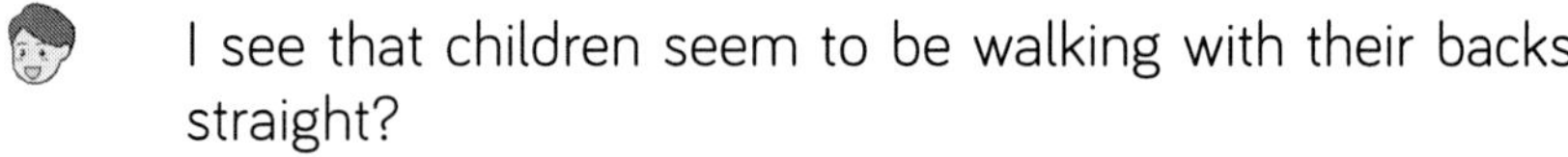

I see that children seem to be walking with their backs straight?

Yes. Today, for the first time, all children in the class practiced how to line up and how to sit in a 'gymnastic-style' way.

The children have grown up, so in addition to not only playing outside, we are planning to implement more elements of movements and group activities.

I see. That's why their backs are so straight.

It's seems that all the children felt that they need to work on this seriously and so they have tried hard.

I'm happy to see that all the children are growing.

Yes. I feel the same. By our Sports Day in the fall, they will be able to march properly and will be able to do performances.

I am very much look forward to seeing that!

Point 1 "I feel the same." （私もそう感じます。）

日々成長する子供の姿を見る嬉しさや、成長に伴って感じる子育ての大変さを保護者の方と共有することがあると思います。相手の言葉に同感を示すときにこの表現を使います。

他にも次のような賛同を示す表現があります。

I agree.

I think so, too.

I can't agree more.

You can say that again.

体育の基本を学習します

体育の時間ですので、体操着に着替えます。着替え終わったら、運動場に集まってください。

では、整列してください！整列したら、まず、「気を付け」をします。

「気を付け」というのは、ちょっと、先生を見てください。このように、足をつけて、つま先を開きます。背中をピンと伸ばして、腕も手の指先も、まっすぐにして、体にピタッとつけます。いいですか？

「前へ・・・ならえ！」と、先生が、号令をかけますから、両手を肩の高さまで上げて、まっすぐ伸ばして、前の人に当たらないようにします。「なおれ！」と、先生が号令したら、手を下して体にピタッとつけます。

みなさん、難しくないですからね。すぐできますよ。

次に、座り方をやりますよ。はい、先生の方を見てください。

このように背筋を伸ばし、腰を下ろして、両ひざを軽く曲げて、手を、膝の少し下で組んで下さい。

「腰を・・・おろして」と先生が号令をかけたら、こうして座ってください。

わかりましたか？

先生、後ろからこういち君が足でけります！

こういち君、座った時は両足をそろえて、けったりしないでください。

Vocabulary

着替える get changed　**整列する** line up

わずかに slightly　**外側に** outward

The Basics of P.E.

It is our first P.E. class, so we need to get changed first. After that, we will all line up on the school field.

Line up! Now, once we line up, I want you to "stand up straight."

This means, well, look at me; my feet are closed with my toes facing slightly outwards while my arms and back are as straight as a pencil. My arms are also straight against my body, you see?

When I say, "Face forward!", I want you to hold your hands up to the height of your shoulder, and stretch them to make sure they don't touch the person in front of you. When I say, "Fixed position!", I want you to put your hands back to your normal position.

This is not too hard, so I am sure you can do it very easily.

Next, I am going to show you how to sit in a P.E. class. Attention here, please.

I want you to sit with your back straight, knees slightly bent and your hands holding your legs in front of you.

When I say, "Sit down", this is the position I want you to be in.

Everyone, understood?

Sensei, Kouichi-kun keeps kicking me from the back!

Kouichi-kun, when you sit, both of your legs must be closed together. Don't kick!

Point1

体の部位についての単語を覚えましょう。

頭 head	首 neck	肩 shoulder	腕 arm
肘 elbow	手首 wrist	手 hand	手のひら palm
指 finger	胸 chest	腹 abdomen	腰 lower back
脚 leg	太もも thigh	すね shin	ふくらはぎ calf
足首 ankle	足 foot	踵 heel	足の指 toe

準備体操

ひろし、なにやっているの？

ひろし君は、今日習った準備体操の前屈をやっているんですよ。

ほら、お母さま、ひろし君、体がやわらかいでしょ。

ほんとですね。もう少しで、手のひらまで床に着きそうだわ。

ひろし、膝が曲がっているわよ、膝を伸ばしてやらないと。

始めたばかりですから、これだけできれば十分ですよ。

まだ小さいのに、体が硬くて前屈がほとんどできない子もいるんですよ。

そうなんですか。お外で遊ぶ機会が少なくて、運動不足なんでしょうね。

健康や子どもの肥満の問題への関心が高まっていて、保護者の方は運動に結構気を配ってくださっているのですが、かけっこやボール遊びが中心なので、柔軟性を鍛える運動まではなかなか難しいですよね。

前も言いましたが、私はダンスの講師をやっていますから、体の柔軟性の大切さはよくわかりますね。

Vocabulary

準備運動 warm-up exercise

前屈する bend one's body forward

手のひら palm

（体、筋肉が）かたい stiff

～に関心がある be concerned about~

（体、筋肉を）伸ばす stretch

柔軟性 flexibility

Warm-Up Exercises

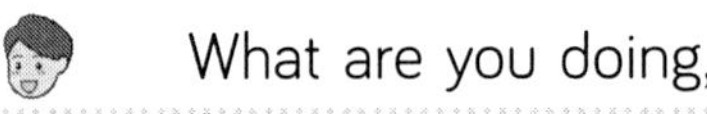

What are you doing, Hiroshi?

He's trying to do a warm-up exercise, bending his body forward—something he learned today.

See how flexible his body is.

Yes, I can see that. He can almost touch the floor with his palms.

Your knees are bent, you need to stretch the knees, Hiroshi.

He's just started, and he's good for this stage.

There are children whose bodies are stiff and can't bend their bodies much even though they are still young.

I see. Maybe they have less time playing outside and are lacking exercise.

Many parents are concerned about their children's health and obesity so they do think about movement, but this is mostly running or playing with balls, and not so many exercises related to stretching.

As I told you before, because I teach dance, I do understand the importance of flexibility of the body.

Point 1

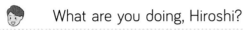

健康についての単語を覚えましょう。

元気でいる　stay fit

健康な食事をする　eat a healthy diet

健康診断を受ける　have a checkup

～の予防接種を受ける　be inoculated against ～

肥満　obesity

糖尿病　diabetes

準備体操

運動をする前に、けがをしないために、準備運動をします。

これをしないで、急に全速力で走ったり、ぶら下がったり、ボールを蹴ったりすると、ケガの元になります。

はい、全員立って、準備体操を始めますよ。

はい、「前へ・・・ならえ！」、両手を肩の高さで左右に広げて、隣の人とぶつからないように広がって。

では、足を少し広げて、背中をぴんと伸ばして、腕を大きく回します。グルグルグル。

足をもっと開いて、体を前に丸めて、指先が足のつま先にくっつくように曲げていきますよ。

はい、体を起こして、体を後ろにそらして、腕もまっすぐしたまま、後ろにそらしていきますよ。

今度は、足揃えて、ジャンプしますよ、ジャンプ、ジャンプ、ジャンプ。

はい、ここまでできましたか？

すごく、疲れたー。これだけでへとへとです。

Vocabulary

ケガ injury

～をぐるぐる回す spin ～

～を傾ける slant ～

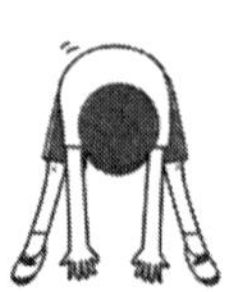

Warm-Up Exercises

Before doing any sports, we need to do warm-up exercises to avoid injuries.

If we skip warm-up exercises, and you run at full speed, hang from the bars or kick a ball, it could cause an injury.

Okay. Everyone stand-up and get ready for warm-up exercises.

Face forward! Stretch out your arms at your shoulder level and make sure you don't hit the person next to you.

Stand with your feet wide, stretch your back and spin your arms out. Spin forward and backwards.

Open your feet further, role your body forward, stretch your fingers touching the toes.

Then, back to position and slant your body backwards by stretching your arms.

Close your feet. Now let's jump. Jump, jump.

Okay, did everyone do okay?

I'm exhausted. Just this has made me so tired.

Point 1

遊具の名前を覚えましょう。

ブランコ swing

すべり台 slide

砂場 sandbox

鉄棒 chin-up bar

シーソー seesaw

ジャングルジム jungle gym

うんてい monkey bar

縄跳び

今日は縄跳びをやりました。

あら、そうですか？家ではあまりやらないんですよ。

何回跳べるかちょっとした競争をしたんですが、組で一番でしたよ！

終わってから誇らしげでしたよ。

すごいじゃない！ひろし、縄跳びがそんなに上手にできるなんて知らなかったわ！

パパに報告しようね。パパも喜ぶと思うなあ。

そうですね、お父さまも喜びますね。

よかったね、ひろし君!

Vocabulary

縄跳び jump rope

競争 competition

首位 top

自分のことを誇りに思う
be proud of oneself

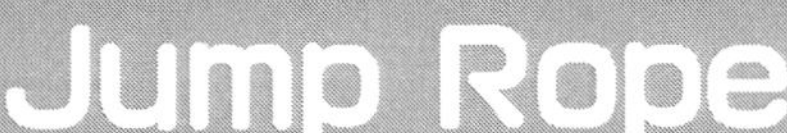

Jump Rope

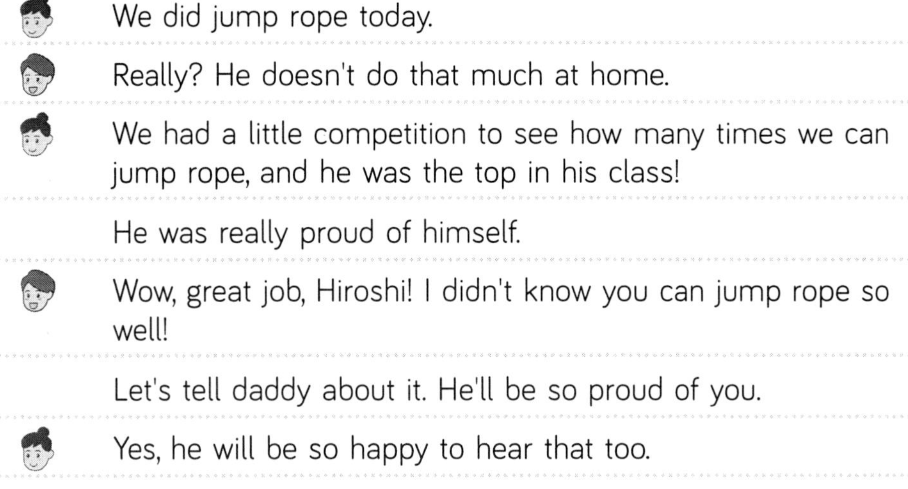

We did jump rope today.

Really? He doesn't do that much at home.

We had a little competition to see how many times we can jump rope, and he was the top in his class!

He was really proud of himself.

Wow, great job, Hiroshi! I didn't know you can jump rope so well!

Let's tell daddy about it. He'll be so proud of you.

Yes, he will be so happy to hear that too.

I'm happy for you too, Hiroshi-kun!

Point 1 **"He was really proud of himself. / He'll be so proud of you."**

be proud of ～ は「～ を誇りに思う」という意味の表現です。日本語ではあまり使いませんが、努力をしたり困難を乗り越えたりした人に対する賞賛や敬意を示すときに使います。意味は日本語の「すごい」や「偉い」に近いですが、結果だけでなく人間性を認めるような意味を含みます。

縄跳び

今日は縄跳びをやります。

みんな、一本ずつ取りにきてください。

ちょっとー！順番に並んで。割り込んだらだめだよ。

その通りですよ。全員分ありますから、慌てないでいいですからね。

一人ずつ取りにきてね。

では、まず、縄跳びをほどいて。手で持ち手を握って、右足で縄を押さえて、長さを調整して。

この縄跳び長いよ。

じゃあ、縄を手首に2回まいて短くしてね。

見て、こうやって。

肩の高さまでの長さが一番いいからね、いい？

さあ、準備はいい？

では、跳んでみますよ。

先生の1、2、3の掛け声に合わせて縄跳びを回してね、いい？

いい？1回、2回、3回。みんな上手ねー！

では、何回続けて跳べるかやってみようか。

ちょっと、競争してみようか。

Vocabulary

～を取りに来る come and get
長さを調節する adjust the length
縄跳びをする jump rope
急ぐ rush
並ぶ get in-line
一人ずつ one by one
割り込む cut in
手首 wrist
ほどく untangle
短くする make it shorter

Jump Rope

 Today, we're going to do jump rope.

Please come and get a jump rope.

 Hey! Get in line. Don't cut.

 That's right. We have one for everybody, so no need to rush.

Please come up one by one.

Now, untangle the ropes. Hold the handles and put your right foot on the rope and adjust the length.

 Mine's too long.

 Okay, then wrap the rope around your wrist twice to make it shorter.

Watch me, like this.

The best length is about the same height as your shoulder level, okay?

Okay, are we all ready?

Now, let's try to jump.

Follow my counting and rotate the rope, okay?

Ready? 1, 2, 3. Oh, you all jumped rope so well!

Now, let's see how many times in a row you can jump.

Let's do a little competition.

Point 1

形容詞が名詞化した単語を覚えましょう。

high → height 高さ
wide → width 幅
long → length 長さ
deep → depth 深さ
strong → strength 強さ

縄跳びのメリットを保護者に説明しましょう

当園では、園児の体力増進と運動能力の向上を目的として、屋外での運動活動を積極的に取り入れており、その一環として縄跳びや鉄棒・うんていを使った運動を行っております。

縄跳び

「縄を回す」「縄を飛び越える」という異なる動作で園児にとっては、はじめは難しい動きですが、次第に慣れてリズムと共同作用をつかむと長い時間飛ぶことができるようになり、また様々な飛び方もできるようになります。

In our preschool, we integrate jumping ropes, chin-up bar exercises, and monkey bar exercises as a part of our movement-based learning program with the purpose of helping to increase children's body strength and physical skills.

Jump Rope

Balance and coordination skills are essential for base motor activities. Doing different movements like "rotating the rope" and "jumping over it" will take children a little bit of time to grasp at first. Soon however, they will understand the concept of a basic jump rope through jump rhythms and coordination. Then they will manage to jump longer and will be able to jump in different styles.

鉄棒のメリットを保護者に説明しましょう

鉄棒

子どもたちにとって、鉄棒をつかんで腕で体重を支える腕力と身体のバランスを維持することは、はじめは難しいでしょう。
しかし、練習を重ねることでできるようになります。

自分たちのリズムとどのように身体の平衡バランスを保てばよいのかを学び鉄棒に飛び上がることができるようになります。そして、逆上がりや片足かけ前回りまでできるようになります。

Chin-Up Bar

At first, grasping the bar with enough muscle strength and balancing their body may be difficult for children, but they will be able to manage the activity after some practice.

Children will be able to reach up to a chin-up bar with their own rhythm and learn how to keep their bodies level. Then, they can master pulling themselves backwards and spinning their bodies forward over the bar with one leg.

雲梯（うんてい）のメリットを保護者に説明しましょう

雲梯（うんてい）

雲梯（うんてい）は、握力と腕力の発達を促します。多くの園児は、握力と腕力と上半身の力がなく、ぶら下がってもそのまま着地してしまいます。練習を重ねると、筋肉の力が増すだけでなく、自分で体重移動を身につけるようになり、何本ものバーを渡っていけるようになります。

Climbing monkey bars

Climbing monkey bars helps develop base motor skills that use both the arms and legs. Children often fall down from monkey bars due to their lack of base motor skills and upper body strength. After some practice however, they will be able to manage adjusting their bodies to balance out their weight and develop enough muscle strength to carry their own weight forward. Then, children will be able to carry their bodies across the bars.

文法 動名詞を学びましょう

（1）動詞を語幹として ing をつけて名詞化したものを「動名詞」といいいます。「動名詞」は動詞が語幹ですから、「動詞としての機能」を持っている上に、「名詞」ですから「名詞」としての機能も有しています。すなわち、動詞的機能として後ろに目的語（O）や補語（C）をとったり、完了形や受動態的な用法ができ、その一方で、名詞的機能として、主語、目的語、補語になり、また、複数形や所有格があり、冠詞や形容詞がつきます。同じ「動詞＋ing」という形でありながら、現在分詞とは全く異なる機能です。

（例）I'm happy with having curry rice for lunch!（お昼にカレーを食べられて嬉しい！）

この文章では、having が動名詞です。従って、動詞的機能として目的語である curry rice をとり、名詞的機能として with の目的語となっています。

（2）動名詞の意味上の主語

前述の通り、動名詞はもとは動詞ですから、本来、その主語があります。

その主語は、文章の主語とは異なることがあります。なぜなら、「文章の述部」は別にあり、「文章上の主語」は「その述部」の「主語」であり、動名詞の作る名詞節の主語とは限らないからです。これを、「動名詞における意味上の主語」と言います。

意味上の主語の作り方

動名詞の前に所有格を付します。そして「～所有格＋・・・（動名詞の名詞節）で「ーが・・・すること」と表現します。I was surprised at her jumping rope very well. 私は、彼女が（意味上の主語）とても上手に縄跳びをすることにびっくりした。

動名詞を用いた慣用構文
It is no use ～ ing（～しても無駄です）
on ～ ing（～するとすぐに）
feel like ～ ing（したい）
cannot help ～ ing（～せざるを得ない）
be used to ～ ing（～することに馴れている）
What do you say to ～ ing？（～するのはいかがですか？）

文法 不定詞を学びましょう

動詞は、分詞、動名詞とともに「不定詞」という形で、動詞以外の働きをすることができ、名詞的機能、形容詞的機能、副詞的機能を果たします。

不定詞とは、主語の人数や数の限定を受けず、この点でおなじ名詞的機能を果たす動名詞とは区別があります。

不定詞は、動詞を「～ すること」to を伴わず動詞の原形をそのまま用いる「to のない不定詞」と to ＋動詞の原形で用いる「to 不定詞」があります。

to のない不定詞（原形不定詞）が用いられる場合

① 助動詞とともに
We must go to school.
（直訳すると、学校に行くことをしなければならない。⇒学校に行かなければならない。）

② 使役動詞とともに
The pepper made me sneeze.
（直訳すると、コショウが私にくしゃみをすることをさせた。⇒コショウでくしゃみが出た。）

③ 知覚動詞ともに
I heard the car stop short.
（直訳すると、車が急に止まることを聞いた。⇒車が急停車する音を聞いた。）

④ 慣用表現
I think I had better leave now.
（直訳すると、私はすぐに去る方がよいと思います。⇒そろそろ失礼した方がよいと思います。）

ラジオ体操を説明してみましょう

ラジオ体操とは
ラジオ体操は、運動会だけでなく、通常の体育や運動の時間に準備体操としても取り入れられています。

ラジオ体操は、日本で広く行われている体を柔軟にする簡単で軽めの運動です。年齢に関係なく、ラジオの音楽と指示に合わせてすることができ、全国の多くの町内会や学校が、朝、特に夏休みの時期に、公園や広場で、グループで行われています。

Radio Gymnastics Exercises
Not only during a Sports Day (undoukai), but also regular P.E class, or exercise time, Radio Gymnastics Exercises are done as warm up exercises. This exercise program is widely spread across Japan as a light and simple movement routine to warm-up the body. Regardless of age, people can do it to music with instructions from the radio, and you can see many neighborhood associations and schools around the nation do the exercises in groups in the morning in parks and plazas, especially during the summer vacation period.

ラジオ体操の種目

1.	背伸びの運動	Step 1	Stretch your whole body
2.	腕を振って脚を曲げ伸ばす運動	Step 2	Swing your arms, bend and stretch your legs
3.	腕をまわす運動	Step 3	Spin your arms
4.	胸をそらす運動	Step 4	Lean backwards
5.	からだを横にまげる運動	Step 5	Bend your body to the side
6.	からだを前後にまげる運動	Step 6	Bend your body forward
7.	からだをねじる運動	Step 7	Twist your body
8.	腕を上下にのばす運動	Step 8	Stretch your arms up and down
9.	からだを斜め下にまげ、胸をそらす運動	Step 9	Bend your body to the side, then lean backwards
10.	からだをまわす運動	Step10	Rotate your whole body
11.	両あしでとぶ運動	Step 11	Put your feet together and jump
12.	腕を振って足をまげのばす運動	Step 12	Swing your arms, bend and stretch your legs

第6章　遠足

Chapter 6　Going on a School Trip

屋外活動の中でも、遠足は園の外に出かける楽しい行事の一つです。遠足は、子どもたちにとっても保護者にとっても大きなイベントです。準備から報告までの一連の表現を学習しましょう。

シーン1　遠足の準備

シーン2　遠足

遠足の準備

来週の火曜日、お天気がよければ近くの公園に遠足に行くことになりました。

遠足ですか？それは、子どもたちは楽しみですね！

はい、喜びますね。

公園には、大きな鳥かごがあって、池には、カルガモがいるんですよ！

素敵ですね！お昼のお弁当はいりますか？

はい、お願いします。雨が降らなければいいのですが。

もし雨が降ったらどうなりますか？

朝7時の時点で雨が降っていたら、延期になり、通常の登園日となります。

曇りでどうなるかわからないときは、電話連絡網で連絡します。

わかりました。ではその時は電話を待っています。

はい、お願いします。連絡が入ったら、連絡網で次の方に回して頂けますか？

わかりました。次の方がいなかった場合、その次の方に連絡を入れるのですよね？

Vocabulary

遠足 school trip
通常授業 regular school day
天気 weather
鳥かご bird cage
～を延期する postpone
～カルガモ duck
その場合 in that case
連絡網 telephone tree
池 a pond
次の方に連絡網を回す pass the information on to the next family

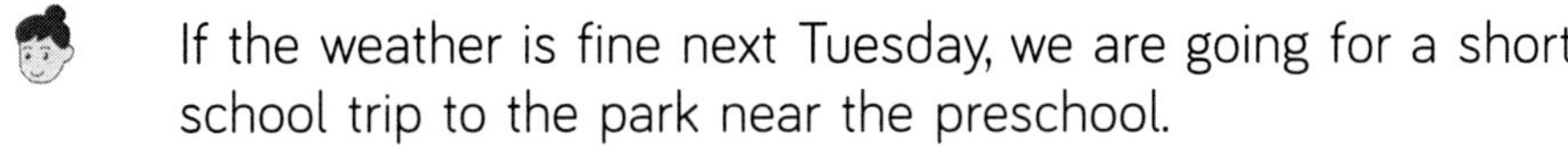

Preparing for the School Trip

If the weather is fine next Tuesday, we are going for a short school trip to the park near the preschool.

A school trip? Wow, the kids will love that!

Yes, they will be excited.

There is a big bird cage in the park and also ducks in the pond.

That's nice! Does he need to pack a lunch?

Yes, please. We hope it won't rain.

What if it rains?

Well, if it's raining at 7 o'clock in the morning then we will postpone the trip and it'll be a regular school day.

If it's cloudy and we are not sure, we will contact you via the telephone tree and let you know what we decide.

Okay, then we will just wait for a call in that case.

Yes, if you get a call from us about this, please just pass the information on to the next family on the telephone tree.

Okay. If the family next on the list is not home, then I just call the next family down on the list, right?

Point 1 "if you get a call from ～"

「連絡があったら」または「電話があったら」という意味の表現です。

同様の表現として get a phone call from ～とも表現できます。

ただし、get a phone from ～となると、「電話機」をもらうことになってしまうので注意しましょう。

遠足の準備

来週の火曜日にみんなで有栖公園に遠足に行きます。

やったー！

当日は、遠足に行く格好で園に集まります。今日遠足についての大切なお知らせをみんなの連絡帳にはさみますから、必ずおうちの人に渡してください、いいかな？

どんな公園なの？

大きな池があって、カモが泳いでいるのよ。

大きな花壇があってきれいなお花もいっぱい咲いてます。

お池に入って遊んでもいいの？

それはできないのよ。でも広い公園ですから、自由に走り回れるからね。

汚れてもいい服装で来てくださいとお知らせに書いたからね。

じゃあ、芝生で転がってもいいの？

いいわよ。気を付けながらね！

Vocabulary

連絡帳 message book

〜を・・・に渡す give 〜 to・・・

自由に freely

咲いている be in bloom

芝生で転がる roll on the grass

花壇 flower garden

転がる roll

Preparing for the School Trip

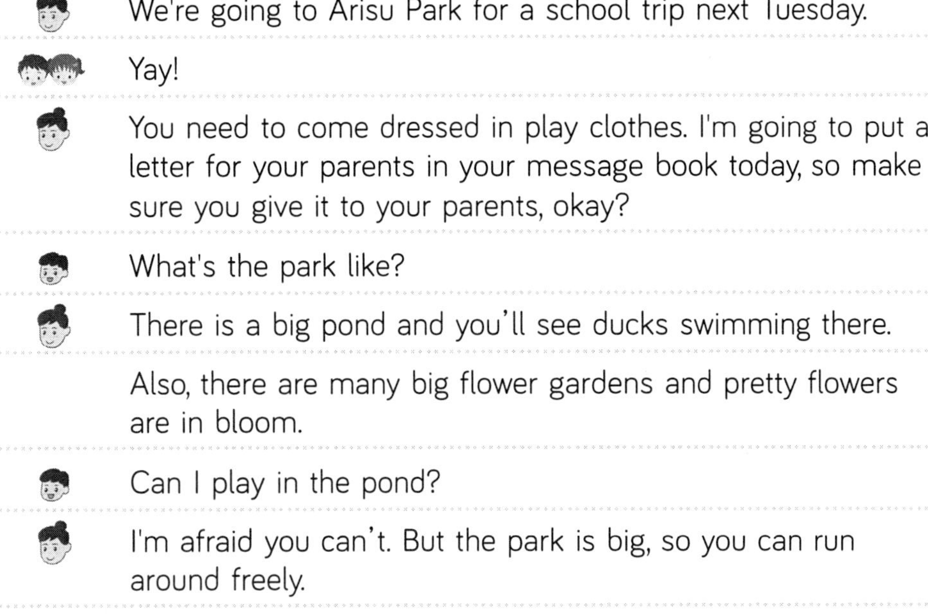

We're going to Arisu Park for a school trip next Tuesday.

Yay!

You need to come dressed in play clothes. I'm going to put a letter for your parents in your message book today, so make sure you give it to your parents, okay?

What's the park like?

There is a big pond and you'll see ducks swimming there.

Also, there are many big flower gardens and pretty flowers are in bloom.

Can I play in the pond?

I'm afraid you can't. But the park is big, so you can run around freely.

I wrote in the letter that you should wear clothes you can get dirty.

Can I roll on the grass too?

Yes, if you are careful, you can!

Point 1

「気を付ける」「危ないよ！」の時は be careful! もしくは、watch out! と表現しますが、具体的に説明したい場合、例えば、ケガをしやすい部分を特に注意してほしいという場合は、Yes, but be careful with your body and feet.（体や足に気を付けて）とのように、具体的な箇所を後に付けて、表現します。

Point 2 "I'm afraid you can't."（残念だけど、それはできません。）

Can I ～？（～してもいい？）という園児の問いかけに「してはいけない」と返答するときに使います。No, you can't. は「ダメです。」と強く否定する表現なのに対し、I'm afraid をつけると残念さや申し訳なさを表すことができます。

屋外遠足の許可書を覚えておきましょう

Field Trip Permission Slip / **屋外遠足許可書**
I give permission for my child: / 私は以下に示す子どもが遠足に行くことを」許可します： (Student's name) / (児童氏名)
to go on a field trip to: / 屋外遠足の場所： (location) Arisugawayama Park / (行先)有栖川山公園
(date of field trip) / (屋外遠足の日時)
We will be leaving at: / 出発時刻： (time) / (時間)
and returning at: / 帰園時刻： (time) / (時間)
We will be traveling by: / 交通手段： ☐ bus / バス ☐ car / 自動車 ☐ on foot / 徒歩 ☐ other / その他 (signature of parent) / (保護者の署名)
(emergency phone number) / (緊急連絡先)
Please return this permission slip by: / 許可書の提出期限：

文法 不定詞を学びましょう ②

1・to 不定詞は、名詞的、形容詞的、副詞的用法があります。

(1) 名詞的用法

主語、目的語、補語のいずれにもなります。そして、不定詞は「動詞」ですからうしろに目的語　　や補語をとり、また副詞で修飾することができ、これらを一体とした名詞句を構成します。

※・To play in a sandbox is very exciting.（お砂場遊びはすごく楽しい！）(名詞・主語)
・You need to come dressed in play clothes.（遠足に行く格好で来て下さい。）(目的語)
「to come dressed in play clothes」で目的語としての名詞句を構成しています。
・My plan is to build a new house.（計画は、新しい家を建てることです。）(補語)

※尚、to 不定詞が主語となる場合、殆どの場合、形式主語の it を主語に置き、不定詞の部分は述部の最後にします。　⇒　It is very exciting to play in a sand box.

(2) 形容詞用法

形容詞として名詞を修飾します。
・ have no one to help me.（私を助ける人がいない。）(no one を修飾)

(3) 副詞的用法

副詞的な用法については、「動詞を修飾する」ということは同じでも、表す意味・意図によって区別があります。
・目的を表す (～ するために)、・結果を表す (～ した結果・・・)、
・原因・理由を表す、・判断の根拠を示す、・条件を表す、
上記の区別のうち特に注意すべき区別

① 目的を表すことを明確にするため，in order, so as と一緒に使われます。
I hurried out so as to be in time for class.（授業に間に合うように急いで家を出た。）

② 結果を表す意味では慣用句として、never to ～、only to ～があります。
He went to Africa, never to come back.（彼はアフリカに行ったまま二度と戻らなかった。）
I hurried to the station, only to miss the train.（駅まで急いだが、列車に乗り遅れた。）

③ 条件を表す意味で使う場合、if の意味を含み、仮定法の構文でも用いられます。

保護者へ出す遠足のお知らせを作成してみましょう

保護者の方々へ

来週、6月2日（火）に有栖公園に行く予定ですのでどうぞよろしくお願いいたします。

遠足当日は、園の門の前に午前8時までに集合してください。園に戻るのは、午後1時15分ぐらいの予定です。

捨てることのできる袋（紙製もしくはビニール袋）に、お子様のお名前をはっきりと書き、お弁当とおやつをお持ちください。お弁当箱は、持たせないでください。

サンドウィッチ、おにぎりや果物などの簡単なお弁当とおやつを、使い捨ての物に入れてください。

	記
日付	6月2日（火）
集合場所	園の門の前
集合時間	午前8時
持ち物	お弁当、おやつ、水筒、敷物、ビニール袋 ティッシュ、タオル、レインコート
服装	汚れてもいい服装と履きなれた靴

当日、参加される保護者の方は、午前7時45分までに、園の門の前にお集まりください。

朝7時の時点で雨が降っていた場合は延期になり、普通の登園です。曇りでどうなるか分からない場合には、電話連絡網で連絡がいきます。お子様が全員で遠足に行くことができるように願っております。

保護者へ出す遠足のお知らせを作成してみましょう

Dear Families,

We will be going on a field trip to Arisu Park on Tuesday, June 2nd, 2019.

Children are to be at the front of the school gate by 8:00 a.m. and will return to the school at approximately 1:15 p.m.

You will need to provide a packed lunch and some snacks with your child's name clearly written on them in a disposable bag (paper or plastic). No lunchboxes please.

Please send disposable items and pack simple lunch like a sandwich, rice ball, or fruit only.

Date	Tuesday June 2, 2019
Meeting Place	In front of the school
Meeting Time	8:00 a.m.
Things to Bring	A packed lunch and some snacks, a thermos, a picnic sheet, a plastic bag, pocket tissues, a hand towel, a raincoat
What to Wear:	Clothes you can get dirty in and comfortable shoes are required.

Parents attending the field trip can meet us at 7:45 a.m. at the school gate.

If it's raining at 7 o'clock in the morning, we will postpone the trip and it'll be a regular school day.

If it's cloudy and we are not sure, we will contact you by the telephone tree to let you know what we decide.

We look forward to seeing you all on the trip.

Sincerely,
Fore Garden Preschool

遠足

帰ってきたわ。遠足はどうでした？

とても楽しい時間でしたが、ちょっとした事故がありました。

え！何かあったのですか？

たえちゃんが、ハチに刺されてしまったんですよ。

それは大変！たえちゃん、大丈夫なんですか？

念のため、救急車を呼んで近くの病院に連れていったので、大丈夫です。

怖いですね！

この季節は、刺す虫に気を付けないといけませんね。

今日は、ひろし君も遠足で疲れていると思いますから、お家で、ゆっくり休ませてあげてくださいね。

Vocabulary

事故 an accident

刺される get stung

ハチ bee

～の間 during

刺す虫 stinging insect

病院 hospital

怖い scary

念のため just in case

救急車 an ambulance

～を・・・に連れていく take ～ to・・・

School Trip

Here they come. How was the trip?

We had a great time, but we had a small accident.

Really? What happened?

Tae-chan got stung by a bee.

Oh no! Is Tae-chan okay?

We called an ambulance just in case and took her to the hospital, but she's okay.

How scary!

We have to watch out for stinging insects during this season.

I think Hiroshi-kun is tired from the trip today, so please let him have a good rest at home.

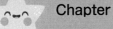

Point 1

病気やけがについての単語を覚えましょう

頭痛 headache

咳 cough

虫刺され insect bite

腫れ swelling

腹痛 stomachache

鼻水 running nose

あざ bruise

鼻血 bloody nose

発熱 fever

嘔吐する throw up

切り傷 cut

遠足

では、今から出かけます。みんな、帽子はかぶりましたね？

はーい！

2列に並んで、おしゃべりしないで歩きますよ、いいですか？

はい、信号です。みんな信号が青になるまで止まりますよ。

渡っちゃだめなの？車通ってないよ。

そうね、だめよ。信号が青になるまで渡らないでね、いい？

はーい。

いつ車が来るか分からないでしょ。

はい、到着しました。みんな荷物を降ろして、ここでちょっと休みましょう。水筒のお水かお茶を飲んでね。

みんな、見てごらん。たくさんお花が咲いていますね。

先生、あのお花なあに？

コスモスですね。色んなお花が咲いていると思わない？気をつけて！ハチがいるわ。近づかないで！

あっちに行ってもいい？

いいけど、あんまり遠くには行かないでね。迷子になると困るから。

ここにもたくさんハチがいるよ。

先生のそばを離れないで、いいですか？

Vocabulary

信号 traffic signal

～を渡る cross~

～を降ろす put down ～

あっち over there

～の側にいる stay close to ～

休む have a rest

～に近づく get close to ～

迷子になる get lost

あんまり遠く too far

School Trip

Okay, we're going to leave now. Do you all have your hats on?

Yes!

Line up in twos. No talking, okay?

There is a traffic signal. Let's stop here until it turns green.

Can't we cross now? There are no cars.

Well, no you can't. You can't cross the street until the light turns green, okay?

Okay.

You don't know when a car might come.

Okay, here we are. Put down your backpack and let's have a little rest here. Please drink some water or tea from your thermos.

Look everybody. There are many flowers in bloom.

What's that flower, sensei?

It's a cosmos. There are many flowers, aren't there? Watch out! There's a bee. Don't get too close to him!

Can I go over there?

Yes, but don't go too far. I don't want you to get lost.

There are a lot of bees here too.

Try to stay close to me, okay?

Point 1 **"Can I go over there?"** （向こうに行ってもいい？）

Can I go? には、使い方によって、意味が変わります。

例えば、指を指しながら Can I go? と表現すると Can I go over there? と同じ意味を表します。

しかし、会話の最後に Can I go? と言うと、多少不愉快な気分で「帰りたい」「わからない」と言っているようにも取られます。

連絡帳に遠足の報告を作成してみましょう

遠足のご報告

昨日は年中のみんなで有栖公園に遠足に行ってきました。初夏を感じさせる美しい緑とコスモスなどの花の鮮やかな色が彩り、子どももとても楽しんでいたようで、まぶしい笑顔を見せてくれていました。

来週のお絵描きの時間は、遠足を題材にした絵を描く予定にしています。予め、お子様と遠足のお話をしておいて頂くと、お子様も当日何を描くか迷わないと思いますのでよろしくお願いします。

担任　鈴木よしこ

About the School Trip

Yesterday, all 4-year-old classes went to Arisu Park for a field trip. We saw early summer bright green leaves and colorful flowers like cosmos in bloom. All the children enjoyed the day with big smiles.

We are planning to have children to do some drawings of the field trip during art class next week. It would be nice if you could share the memories with your children so that they will have a better idea about what they are going to draw.

Thank you,
Yoshiko Suzuki

文法 不定詞を学びましょう ③

（１）疑問詞＋不定詞

what、which、where、when、how 等の疑問詞は文頭において疑問文を作ると思われがちですが、これらの疑問詞に to 不定詞をつけて名詞句を作ることができます。

名詞句ですから、名詞的用法と同じく、一体として主語、目的語、補語となります。

Please tell me how to get to Arisu Park?
（有栖公園までどのように行くか教えてもらえますか？）

to 不定詞は名詞的用法があり、目的語（O）を取る他動詞とともに使えるのが原則ですが疑問詞＋不定詞とともに使える動詞は限られており、また動詞によっては、意味が異なる場合もあります。

（2）「動詞＋疑問詞＋ to 不定詞」と「動詞＋ to 不定詞」では、意味の異なる動詞

① ask（尋ねる / 頼む）

He asked how to open the box.

（彼は箱の開け方を尋ねた。）

He asked to see your daughter.
（彼は、あなたのお嬢さんに会いたいと頼んだ。）

② remember（覚えている / 忘れずに〜する）

We remember where to escape in a big accident.
（大きな事故の時どこへ逃げるか覚えていなくてはならない。）

I must remember to lock the door before I leave.

（出かける前にドアの鍵を忘れずにかけなければならない。）

③ think（考える / するつもりである）

I'm thinking of what to do next.

（次に何をしようかと考えているところです。）

④ tell（知らせる / 〜するように言う）

I will tell you what to do.

（何をするかを伝えます。）

覚えておこう ⑤

数・量を表すイディオム

たくさんの種類の～	many kinds of ～
ほとんどの～	most of ～
1組の～	a pair of ～
コップ一杯の～	a glass of ～
一切れの～	a slice of ～
1つ(枚)の～	a piece of ～

反対の表現とセットで覚えるイディオム

～を着る	put on ～
～を脱ぐ	take off ～
～をつける	turn on ～
～を消す	turn off ～
～に乗る	get on ～
～を降りる	get off ～
～の音量を上げる	turn up ～
～に到着する	arrive at
～へ出発する	leave for ～
～の音量を下げる	turn down

その他のイディオム

向かい	face
合って	to face
1日中	1 day（long）
今すぐに	right now
現在	now
もう一度	once again
～すると	as soon
すぐに	as ～
まったく	not ～ at all
遠く離れた	far away
十分な～するのに	enough to ～

第7章　病気・ケガ

子どもは、ちょっとしたことで体調を崩したり、ケガをしたりします。園では、応急措置を施し、保護者への連絡を速やかに行います。保護者がそばにいない園児は、大変心細い思いをしますから、慌てず、優しく対応しましょう。その間、他の園児の保育に目が行き届かないことがないよう、視野を広く持ち、経験豊かな園長先生や先輩先生のアドバイスを仰ぎながら、的確な対応に努めましょう。

シーン1　お腹が痛い

シーン2　お熱がでた

シーン3　体の具合が悪くて園を欠席する

シーン4　転んでケガをした

お腹が痛い

もしもし、小野様のお宅でしょうか？

はい。そうです。どちらさまですか？

フォレガーデン園の鈴木です。

鈴木先生お世話になっております。ひろし、何かありましたか？

実は、ひろし君が、お腹が痛いと言っています。

今、保健室で休ませていますが、お迎えに来て頂けないかと思いまして。

あら、それはよくないですね。今、どんな様子でしょうか？

そうですね、トイレに行かせました。ちょっと下痢をしているようです。

刺し込む痛みというより、全体的に痛いようです。

今は痛みもずいぶんやわらいではいるようです。熱はありません。

わかりました。今から下の子をおばあちゃんの家に連れて行ってから向かいますので30分後くらいに着きます。

わかりました。よろしくお願いいたします。

その間、何か変わったことがあればご連絡します。

Vocabulary

お腹が痛い have a stomachache

どんな様子ですか What's he like now?

保健室 nurse's office

下痢 diarrhea

Getting a Stomachache

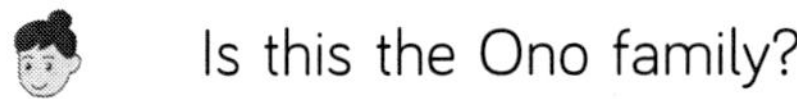

Is this the Ono family?

Yes, may I ask who's calling?

Hello, this is Suzuki from Fore Garden Preschool.

Oh, Suzuki-sensei. How are you? Is there something wrong with Hiroshi?

Yes, Hirosh-kun says he has a stomachache.

He's resting at the nurse's office now, but I wonder if you could come and pick him up.

Oh, that's not good. What's he like now?

Well, I took him to the bathroom. He seems to have a little diarrhea.

He says that he doesn't have any sharp pain, but his whole stomach seems to be hurting.

But the pain is now getting weaker. He has no fever.

Okay. I will need to take my younger daughter to my mom's house first, but I should be there in about 30 minutes.

Okay. That would be appreciated.

I'll contact you if there is any change in his condition in the meantime.

Point 1 "I wonder if you could come and pick him up?" （お迎えに来て頂けないかと思いまして。）

I wonder if you can ～？は、Can you ～？や Will you ～？より控えめな表現で、丁寧な依頼の表現です。時制を変えるとより丁寧な依頼になります。

I wonder if you can ～？

I'm wondering if you could ～？

I was wondering if you could ～？

また、相手の都合を聞く場合は、When would be convenient for you to pick him up? と表現します。

お腹が痛い

お腹をおさえてどうしたの？

お腹が痛い。

痛いところを指でさして教えて。ここは押すと痛い？

ううん、そこは痛くない。お腹全部痛い。

いつから痛いの？トイレには行った？

うん、さっき行ったよ。ウンチ、軟らかかったよ。

あら、それは困ったわね。ママに連絡して迎えに来てもらうから、それまで横になって休んでいてね。

わかった。

Vocabulary

おさえる hold

指をさす point

全部 whole

ウンチ poo

その間 in the meantime

Getting a Stomachache

Hiroshi-kun , why are you holding your stomach?

I have a stomachache.

Can you point to where it hurts? Does this hurt when I push on it here?

No, not there. My whole stomach hurts.

When did it start hurting? Did you try going to the bathroom?

Yes, I just went. My poo was soft.

Oh, that's not good. I'll call your mom and have her pick you up, so lie down and try to rest in the meantime.

Okay.

Point 1 "I have a stomachache." （お腹が痛い）

小さな子の場合は、stomachache を tummy と言います。

My tummy hurts.（ポンポンが痛いよ。）と表現できます。

連絡帳への報告をまとめてみましょう

小野様

本日、お絵描きの時間に、ひろし君が、腹痛を訴えました。トイレに行かせたところ、便は大変柔らかく、長い時間トイレにこもっていました。保健室で休ませましたが、その間も２度トイレに行っています。おなかのどこが痛いか本人に聞きましたら、おなか全体が痛いと言っていました。お昼は、食べたくないと言っていたので、食べていません。のどが渇いたということでしたので、ぬるま湯を60 cc、２回飲ませています。早く元気になりますように。

担任　鈴木よしこ

Dear Ono-sama,

Hiroshi-kun had a stomachache during art class today. We took him to the bathroom and his poo was soft and he stayed in the bathroom for a while. We let him rest at the nurse's office. He went to the bathroom twice then. He said his whole stomach hurts. He didn't want to eat his lunch, so he didn't eat anything. He was thirsty so we gave him 60 cc of warm water twice. We hope he gets well soon.

Thank you,
Yoshiko Suzuki

鈍痛	dull pain	圧痛	pressing pain
鋭い痛み	sharp pain	刺し込む痛み	piercing pain
ガンガン痛む	throbbing pain	ちくちく痛む	prickling pain
焼けるような痛み	burning pain	ひどく痛む	terrible/horrific pain
しつこい痛み	persistent pain		

ABC

文法 比較の表現を学びましょう

(1)　比較とは、ものの価値や程度などを比べる表現です。比べるという意味ですから、比較するもう一つ以上のものがあります。価値や程度を比べるので、比べる者同士が同じ価値、同じ程度ということもあります。

(2)　比較は、原則、形容詞及び副詞の語形の変化で表現します。この語形の変化を原級、比較級、最上級といいます。原級の語尾に、～erをつけて比較級、～estをつけて最上級を表す規則変化と変化の仕方が不規則になるものがあります。また、単語自体は、語形変化せずに比較を表す形容詞とともに使う場合の表現もあります。

(原級比較)　他のものと比較をせずに、形容詞や副詞をそのままの形で表します。

(比較級比較)　二つの中で、一方がもう一方より、高いとか、強いとか、低いとか、弱いなどと比べます。

(最上級)　3つ以上の中で、程度が最も上位にあることを表します。

比較の表現の基本的な例を挙げます。

（原級比較）

as~as…でも用い、「…と同じくらい～」という意味を表します。

(比較級比較)

A is ～er than Bで用い、「AはBより～だ」という意味を表します。

（最上級）

A is ～est で用い、「Aは最も～だ」という意味を表します。

(3)　比較を使った表現は、単に比べるというだけでない表現や重要な構文があります。後ろのページで説明をしていますので、参考にして学習を深めてください。

お熱が出た

もしもし、小野様のお宅でしょうか？

はい。そうですが。どちらさまですか？

フォレガーデン園の鈴木です。

あら、先生、お世話になっています。どうかしましたか？

はい、ひろし君ですが、お熱が出て、先ほど測ったら39度あるんです。

今は眠っていますが、お迎えに来て頂いたほうがよいと思います。

それは大変だわ。朝くしゃみをしていたので気にはなっていたのですが、本人が今日、どうしても行くというものですから、行かせてしまいました。

今日、ひろしのいとこが泊まることになっていて、今、待っているんです。もうすぐ来るはずなんですが。携帯を持っていないので、来るまで待っていなければいけません。いとこが家に着いたら、すぐにひろしをお迎えに行きます。大変申し訳ないのですが、それまでベッドで休ませておいていただけますか？お迎えの後にお医者様に診てもらいに行きます。

ただの風邪だといいのですが。

わかりました。ひろし君をお迎えまでベッドで休ませておきます。

有難うございます。ご迷惑をおかけして申し訳ありません。できるだけ早く行きます。

大丈夫ですよ。お気になさらないで、気を付けていらしてください。

Vocabulary

熱がでる have a fever

熱を計る take one's temperature

くしゃみをする sneeze

～したらすぐ as soon as ～

休む rest

39度 39 degrees

Getting a Fever

 Hello, is this the Ono family?

 Yes, may I ask who's calling?

 Hello, this is Suzuki from Fore Garden Preschool.

 Oh, Suzuki-sensei. How are you? Is there something wrong with Hiroshi?

Yes. Hiroshi-kun seems to have a fever and we took his temperature and it was 39 degrees.

He's sleeping now, but I wonder if you could come and pick him up?

 Oh no, that's not good. He was sneezing this morning and I was concerned, but he said he really wanted to go to school today, so I let him go.

I am waiting for his cousin to come and stay with us. He should be coming in any minute. He doesn't carry a mobile phone, so I need to wait for him. I'll come and pick up Hiroshi as soon as his cousin arrives. Would you mind putting Hiroshi to bed in the meantime? I will take him to see his doctor after I pick him up from school.

I hope it's just a cold.

 Okay. I will let Hiroshi-kun sleep and stay in bed until you come and pick him up.

 I appreciate that. I'm sorry to cause you trouble. I'll be there as soon as I can.

 That's okay. Please take care and come to the school safely.

Point 1　"Would you mind putting Hiroshi to bed …?"　(…ひろしを休ませておいていただけますか。)

相手に依頼する表現です。Do you mind if ～？ということもできますが、would を使った方が丁寧な表現になります。Do you mind if ～？では、if 節の動詞は現在形を、Would you mind if ～？では現在形か過去形を使いますが、過去形の方がより丁寧になります。

Do you mind putting Hiroshi to bed …?
Would you mind putting Hiroshi to bed …?
Would you mind if Hiroshi could be put to bed …?

これに答えるとき、承諾するには no や not を使い、Of course not. などと、断るには I'm sorry, but I can't. などと言います。

Point 2　"I will have him stay in bed until then."　(それまでベッドで休ませておきます。)

「横になる」の意味として lie だけを使うこともできますが、この場合は、
I will let him lie down. と、必ず down を付けます。
I will let him lie. では「彼に嘘をつかせます。」という意味になってしまいますので注意しましょう。

お熱がでた

ひろし君、どうしたの？元気ないわね？

なんか、具合悪いの。体がだるいよ。

あら、顔色も悪いね。お熱測ろうか。

保健室に行きましょうね。

ひろし君、仰向けに寝れる?

お熱測りましょうね。

先生、寒い。

あら大変、39度も熱があるわね！

すぐに病院に行った方がいいね。

今、ママに電話して、迎えに来てもらうね。

とりあえず、ここで休んでてね、大丈夫?

おでこに冷たいの置いてあげるから、少し気分がよくなると思うよ。

Vocabulary

具合が悪い feel sick

顔色が悪い look pale

保健室 nurse's office

～を迎えにいく pick up ～

おでこを冷やす put an icepack on one's head

仰向けに寝る lie down facing up

Getting a Fever

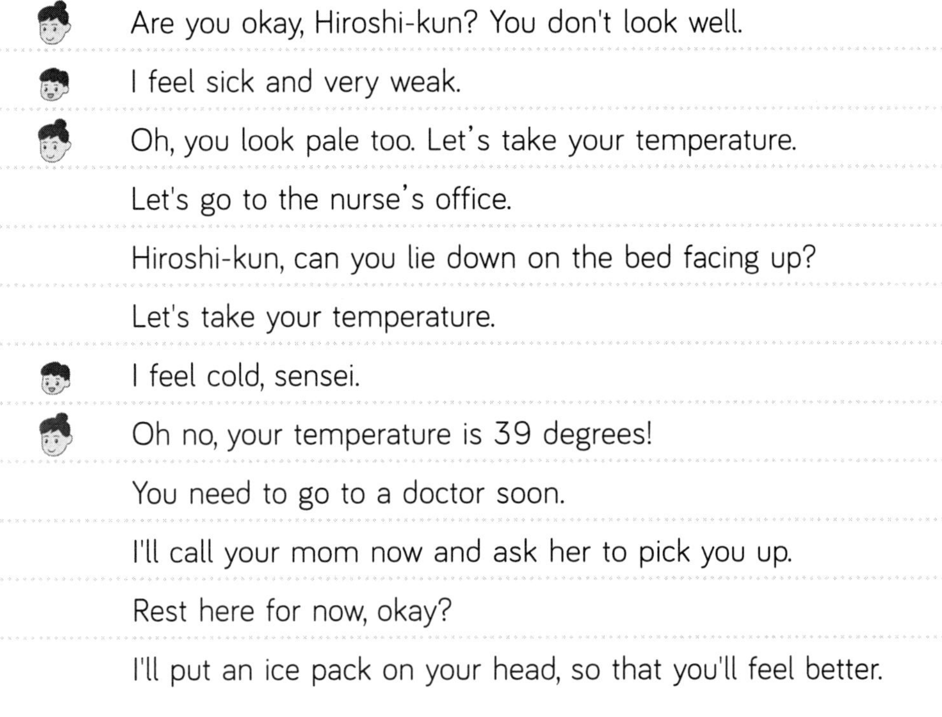

Are you okay, Hiroshi-kun? You don't look well.

I feel sick and very weak.

Oh, you look pale too. Let's take your temperature.

Let's go to the nurse's office.

Hiroshi-kun, can you lie down on the bed facing up?

Let's take your temperature.

I feel cold, sensei.

Oh no, your temperature is 39 degrees!

You need to go to a doctor soon.

I'll call your mom now and ask her to pick you up.

Rest here for now, okay?

I'll put an ice pack on your head, so that you'll feel better.

Point 1 "Rest here for now."　（［ママが迎えに来るまで］とりあえずここで休んでてね。）

for now は、「とりあえず」というニュアンスを表します。

Point 2 "Lie down facing up."　（仰向けに寝る。）

face は、名詞だけでなく動詞の用語もあります。名詞では「顔、表面」、動詞では「（ものが）（～ に）面する、（事実などに）直面する、向く」などの意味を持ちます。

病気に関する会話を学習しましょう

気分が悪いです。	I feel sick.
寒気がします。	I feel a chill.
風邪をひきました。	I caught a cold.
熱（微熱、少し熱、高熱）があります。	I have a（low, slight, high）fever.
（少し、ひどい、ずきずきするような、割れるような）頭痛がします。	I have a（slight, severe, throbbing, splitting）headache.
頭がぼうっとします。	My head is fuzzy.（feels heavy）
手がしびれて、力が入りません。	My hands feel numb and weak.
吐き気がします。	I feel like throwing up.
下痢をしています。	I have diarrhea.

文法 比較級と最上級を学びましょう

比較級

① ２つのものを比べる比較のうち、優勢比較は、<比較級＋than>の形で行います。
Dogs are smarter than cats.（犬は猫より賢い。）

② ２つのものを比べる比較のうち、劣勢比較は<l ess＋原級＋than>の形で行います。
Sugar was less valuable than salt.（砂糖は塩ほど価値がなかった。）

③ 比較構文では、比較されるものが同類でなければなりません。
The population of Tokyo is larger than Osaka.　（×）
The population of Tokyo is larger than the population of Osaka.　（○）

④ <the＋比較級(of the two)>（2つの中では一方の方がより~）と いう表現では、比較級の前にtheがついています。
This guitar is the better of two.（二つの中では、このギターの方 がよい。）

⑤ 比較級は強調したり程度を示したり出来ます。
強調や程度を表す語句 much、far、a lot、rather、a bit、somewhat等
Jet planes fly much faster than propeller planes.(ジェット機の方がプロペラ機よりはるかに速く飛ぶ。）

最上級

① 基本的な最上級は、<形容詞、副詞＋est>または<(the) most＋in(o f)～>で、「～の中で一番・・・」を表現します。
February is the shortest month of the whole year.（2月は全ての月の中で一番短い。）
He drives the most carefully of us all.（彼は私たちの中で一番用心深く運転します。）

② 最上級を表す形容詞が名詞を修飾する場合は、the がつきます。同一人（物）

③ の性質や状態について補語として用いられる場合は、原則the がつきません。 This is the tallest building in this city.（これが当市で一番高い建物です。）
The rain was the heaviest then.（雨はその時が一番激しかった。）

④ 最上級を表す副詞の場合は、the の取り扱いが漠然としています。

⑤ 最上級は、強調出来ます。
強調を表す語句、by far, very, much などを用います。
David is by far the tallest in our class.（デイビッドはクラスでずば抜けて背が高い。）
This is much the safest way to get home.（これが自宅に戻る方法として断然一番だ。）
very を使うときは the の位置に注意しましょう。
Karen is the very best singer in our class.（カレンはクラスでずば抜けて歌がうまい。）

ABC

体の具合が悪くて園を欠席する

もしもし、小野ひろしの母ですが、鈴木先生いらっしゃいますか？

もし、お手すきのようでしたら。

申し訳ございません。鈴木は今、園の門のところで、園児のお迎えをしています。

電話にでられるか見てまいります。少しお待ちいただけますか？

それでは結構です。お手数ですが、先生に伝言をおねがいできますか？

はい、どうぞ。

ひろしが昨夜から熱を出していて、まだ38度あるのです。

今日は園を欠席しますので先生にお伝え頂けますか？

そうですか、それは、ご心配ですね。お医者様には行かれましたか？

はい、おそらくただの風邪だろうと言うことでした。

今日休めば、明日には園に行けると思います。

そうですか、わかりました。お伝えしておきます。

くれぐれもお大事に、早く良くなりますように。

Vocabulary

お迎え greeting

伝言を残す leave a message

熱がでる have a fever

38度 38 degrees

病院に連れていく take 〜 to a doctor

安静にする rest

お大事に take care

〜を欠席する be absent from 〜

Absence from School

Hello. This is Hiroshi's mom calling.

May I speak to Suzuki-sensei, please? Is she available?

I'm sorry, but I'm afraid she is busy greeting the kids at the school gate right now.

I'll see if she can come to the phone. Could you wait a moment, please?

Oh, in that case, it's okay. Do you mind if I leave her a message?

Not at all.

Hiroshi has had a fever since last night and is still 38 degrees.

Could you please tell Suzuki-sensei that he will be absent today?

Oh, I'm sorry to hear that. That's worrisome. Did you take him to a doctor?

Yes, I did. The doctor said that it is probably just a cold.

If he rests today, he should be okay to return to school tomorrow.

I see. Okay. I will let Suzuki-sensei know.

Please take care and I hope he gets well soon.

Point 1 "Do you mind if I leave her a message?" （伝言をおねがいできますか？）

伝言を受ける際に、相手の名前のつづりを聞くことがあります。

「お名前のつづりを教えて頂けますか？」その際に、

What is the spell? と、英語で聞いてしまうことがあると思います。

しかし、これは、「呪いはなんですか？」と言う英語の意味になってしまいます。

How do you spell your name? が正しい表現です。

健康管理表を作成してみましょう

健康管理表①
Health Guidelines ①

（要約）

下記のような症状がある場合は、お子さまにご自宅で大事をとっていただくようお願いいたします。

- 発熱:37.5度以上
- 止まらない鼻水
- 吐き気
- 原因不明の発しん
- 咳:乾いた止まらない咳の症状
- 下痢
- 目の充血
- のどの痛み

その他何か体の具合が悪くなりそうな状況であれば自宅で大事をとってください。

We ask that you keep your child at home if he/she exhibits any of the following symptoms:

- Fever: 99°F / 37.5°C or higher
- Runny nose: excessive runny nose
- Vomiting
- Unidentifiable rashes
- Cough: dry or excessive cough
- Diarrhea
- Pink eye
- Sore throat

If you suspect your child is coming down with something, please keep him/her at home.

健康管理表を作成してみましょう

健康管理表②
Health Guidelines ②

（要約）

感染症（出席停止について）
下記のような感染症にかかった場合、指示された期間登園を停止してください。

- 水疱瘡：すべての発しんがかさぶたになるまで
- 風しん：発しんが消えるまで
- 麻しん（はしか）：熱が下がって3日を経過するまで
- 流行性耳下腺炎（おたふくかぜ）：耳下腺の腫れがおさまるまで
- 百日咳：特有の咳がなくなるまで

下記の症状がおさまってから最低24時間様子をみて登園してください

- 平熱に戻る
- 吐き気や下痢の症状がおさまる

Contagious Diseases
In case of contagious diseases, children are required to stay home until the following conditions are met:

- Chicken Pox: all blisters have become dry scabs
- German Measles: rash has disappeared
- Measles: 3 days recovery after end of fever
- Mumps: the swelling subsides
- Whooping cough: the cough ceases

Give a minimum 24-hour period before your child returns to school after:

- his or her temperature has returned to normal
- recovery from vomiting or diarrhea

転んでケガをした

今日、ひろし君が、園庭で遊んでいて転んでしまいました。

膝をすりむきました。

そうですか、大丈夫ですか？

はい、少し血がでましたが切り傷程度でしたので、保健室で消毒して、お薬を塗っておきました。

お母さまにご連絡しようかとも思ったのですが、それほどひどくない傷でしたので、ご連絡しませんでした。よろしかったでしょうか。

もちろんです。家ではしょっちゅう転んでいます。ですので、連絡していただかなくても大丈夫ですよ。有難うございます。

ご理解いただきましてありがとうございます。化膿したり腫れたりせずによくなると思うのですが、絆創膏だけ取りかえてください。

Vocabulary

園庭 playground
塗り薬 antibiotic cream
（程度が）ひどい serious
血が出る bleed
消毒する disinfect
転ぶ fall
膝をすりむく scrape one's knee
しょっちゅう all the time
化膿する fester

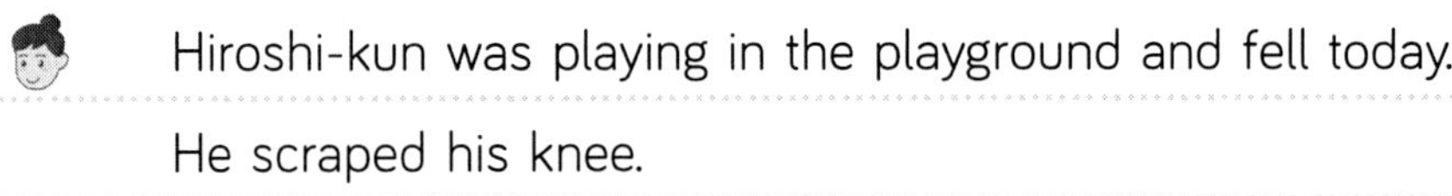

Falling Down and Getting Hurt

Hiroshi-kun was playing in the playground and fell today.

He scraped his knee.

I see, is he okay?

Yes, it is just a little cut, but it started bleeding a little so we disinfected it at the nurse's office and put some antibiotic cream on it.

I thought of calling you and letting you know, but I didn't as it was nothing serious. I hope that was okay.

Of course. He falls down all the time at home, so I don't expect you to call in this situation, but thank you.

Thank you for your understanding. I don't think it will fester or get swollen, but please change the band-aid.

Point 1 "He falls down all the time at home." （家ではしょっちゅう転んでいます）

同じ意味の表現として、This always happens. があります。

転んでケガをした

先生、ケガしちゃった。

どうしたの？あら、膝をすりむいているわね。

外で遊んでいた時に転んじゃったの？

それは痛かったわね。他にケガはしなかった？

すりむいたところを消毒して、絆創膏を貼っておこうね。

ケガしたことは、ママに連絡帳に書いて伝えておくね。

今日はおとなしくしてようね、わかった？

Vocabulary

～を擦りむく scrape ～

Falling Down and Getting Hurt

Suzuki-sensei! I got hurt.

What happened? Oh, you scraped your knee.

Did you fall down when you were playing outside?

That must have hurt. Did you get hurt anywhere else?

Let's disinfect your cut and put a band-aid on it, okay?

I'll leave a message for your mom in your message book.

Maybe you need to take it easy for the rest of the day, alright?

Point 1

easy

形容詞としてだけでなく、副詞としても使われ、形容詞の場合「容易な、気楽な」などの意味を持ち、副詞の場合、「容易に気楽に」といったような意味があります。

文法 比較を用いた重要構文とイディオムを学びましょう

比較を用いた文章やイディオムは多数あり、園の活動報告等の文章を作成する場合もまた会話上も使用頻度が高いものが多いので、学習しましょう。

原級を用いた表現

① as ～ as one can（出来るだけ～）
Speak as slowly as you can.（出来るだけゆっくり話して。）

② may as well, ～（ほかにましなことがないから、～してもいいのでは）
We may as well have something to eat.（他に楽しいことあるわけではないし、何か食べてもいいんじゃないかな。）

③ might as well ～（as・・・）（・・・するくらいなら、～するほうがよい）
例：If you keep missing your English lessons, you might as well stop planning to study abroad.
（英語のレッスンを休み続けるのなら留学を考えるのをやめた方が良い。）

④ not so much ～ as・・・（～よりはむしろ・・・）
He is not so much a scholar as a journalist.（彼は学者というよりジャーナリストだ。）

比較級を用いた表現

① ＜the＋比較級、the＋比較級＞（～すればするほど・・・）
The older we grow, the weaker our memory becomes.（年を取ればとるほど、記憶力は弱くなる。）

② ＜比較級＋and＋比較級＞（ますます～）
Our world is getting smaller and smaller.（世界はますます狭くなっている。）

③ not 動詞・・・、much less ～（・・・ではない、ましてや～ない）
I did not even see him, much less shake hands with him.（彼に会ったことすらない。ましては握手等したこともない。）

④ know better than to ～（～するほどばかではない）
I know better than to do such a thing.（そんなことをするほどバカではない。）

文法　最上級を用いた比較を学びましょう

最後のセクションも比較を学びます。「もっとも～」という表現は最上級を用います。最上級を用いた比較の作り方

the ＋最上級＋ of ＋複数で「もっとも～」という意味を表します

in ＋単数

では例をみてみましょう。

Jiro-kun is the tallest child in Peach class.
じろう君は桃組の中で一番背の高い子どもです。

Jiro-kun is the tallest child of these boys.
じろう君はこの男の子達のなかで最も背が高い子どもです。

ただし、最上級の比較の中には the を用いない場合があります副詞の最上級を用いて比較を作る際は the をつけません。

Jiro-kun can jump rope best in the class.
じろう君はクラスで一番縄跳びが上手です！

形容詞が動詞の補語となる際は the をつけません。

I'm happiest when I speak with Sato-sensei!
佐藤先生とお話ししているときが一番楽しい！

覚えておこう ⑥

ケガに関する表現を覚えよう

足首を捻挫しました。	I sprained my ankle.
階段から落ちて、脚を骨折してしまったようです。	I fell down the stairs and seem to have broken my leg.
ドアに腕をはさんでしまい、痛みがあって腫れています。	My arm was caught in the door and it's painful and swollen.

病気やケガに関する単語力を増やそう

外傷	wound	刺し傷	puncture
骨折	fracture	捻挫	sprain
脱臼	dislocation	打撲	contusion
かすり傷	scratch	膿	pus
おでき	boil		

インフォメーション

検定内容・申込に関するご案内

検定日、級別レベル、出題範囲、受検方法、受検料、支払い方法など本検定に関する情報及び受検申込みについては、不定期に変更・追加となるため、本書ではご案内を掲載しておりません。
詳細については当協会幼保ホームページ https://www.youhoeigo.com でご確認ください。

幼保英語検定

教材のご紹介とご案内

本検定向けの各種学習教材は、㈱ブックフォレより出版、販売を行っております。
当協会からの直接の購入はできません。各種学習教材に関しては、
出版元の（株）ブックフォレよりご案内、ご紹介をしております。
㈱ブックフォレのホームページ https://bookfore.co.jpでご確認ください。

㈱ブックフォレ

オンライン学習ツールのご案内

単語学習につきましては、㈱mikanの専用アプリをご活用ください。

App Store: 「英単語アプリ mikan」をApp Storeで (apple.com)
Google Play: 【mikan】幼保英語検定単語帳アプリ

App Store

オンライン授業用ツール及び自宅学習用ツールとしてオンデマンド講座を開講しています。
オンデマンド講座に関する詳しい内容は、主催一般社団法人国際子育て人材支援機構(OBP) ホームページ www.obp.academyをご覧ください。

Google Play

OBP

資格カードの発行について

検定合格後、合格証以外にご希望の方には合格を証明する幼保英語士資格証を発行しています。カード形式で携帯がすることができ、身分証明書としての利用も可能です。資格証申請方法など詳しくは 幼保ホームページをご覧ください。

資格証について

幼保英語を活かした活躍について

国内及び海外での活躍の場を国際子育て人材エージェンシーでご相談を受付けております。
詳細につきましては、同社ホームページ http://www.obpjob.comをご覧ください。

OBP JOB

TAIP推薦状

推薦にあたって
インターナショナルプリスクール協会(TAIP)
ごあいさつ

The Tokyo Association of International Preschools (TAIP) is a group of preschools that work together to bring professional development events and publicity to the international early childhood education community in Japan. Our organization continues to evolve with each passing year, bringing both traditional and forward-thinking methods of learning and promotion to all our members.

The organization was founded in 2005 under the motto "Preschool for Preschoolers," and now includes dozens of schools of all shapes and sizes. Many are in the greater Kanto area but others are farther away, as we continue to grow to help early childhood educators throughout Japan.

TAIP strongly supports the work of Youho Eigo Kentei as a valuable contribution to the future of Japanese education and to Japanese society at large. We will continue to back their efforts in the future.

Moving forward we will carefully consider the needs of our international members as their relevance continues to grow within the Japanese early childhood education community.

We encourage you to check our website (https://www.tokyopreschools.org/) for more information, including membership options and upcoming events.

Tokyo Association of International Preschools Board of Directors

TAIP Homepage

幼児教育・保育英語検定　2級テキスト

2022年３月20日第二版第３刷

著　者　一般社団法人　幼児教育・保育英語検定協会

発行所　一般社団法人　幼児教育・保育英語検定協会
〒153-0061　東京都目黒区中目黒3-6-2
TEL 03-5725-3224　FAX 03-6452-4148　http://www.youhoeigo.com

発売所　BOOKFORE　株式会社　ブックフォレ
〒224-0003　神奈川県横浜市都筑区中川中央1-21-3-2F
TEL 045-910-1020　FAX 045-910-1040
http://www.bookfore.co.jp

印刷・製本　冊子印刷社

ISBN：978-4-909846-45-7